早稲田メンタルクリニック院長
益田裕介

精神科医が教える

親を憎むのをやめる方法

KADOKAWA

はじめに

「家族のことで悩んでいる」と、ようやく口に出しても良い雰囲気が日本にも出来上がりつつあります。

コロナ禍をきっかけに、在宅勤務が許されるようになり、自宅で過ごす時間が増えました。自宅で過ごす時間が増えるということは、家族との時間が増えるということ。そこでは良いことばかりではなく、相手の悪い面にイライラすることもあるでしょう。

もともと家族と折り合いが悪い人はもちろん、そうでない人も、それまで見えていなかった家族の不愉快な一面にイライラしたり、そう感じる自分に戸惑ったりするのではないでしょうか。

家族と向き合い直す中で、自分の両親との関係について、記憶をさかのぼり、再び思い悩み始めた人も多くいるようです。

親との関係が原因で苦しい思いをしている人は、臨床現場ではごく普通にあふれています。

現在の人間関係の問題が過去の親子関係に起因する人（しかも無自覚）。あるいは、とうの昔に親元を離れていても、たとえ親がすでに他界していても、親と過ごした時間の記憶に支配され、目の前の幸せを肯定できない人。僕が営んでいる「早稲田メンタルクリニック」にも、そんな方がたくさん来られます。

さまざまな方の診療をしていて気づくのは、「親子の問題」を抱えている人のほうが、治療が長引くということです。

家族がきちんと機能してきた患者さんのほうが、同じうつであっても復帰は早いです。なんらかの問題があった場合、さまざまな困難が掘り起こされ、それらも一緒に解決していく必要があるからです。

不仲なので親に支えてもらえない、といった現在進行形の困難だけではありません。親子関係に問題がある（もしくはあった）ために、本人の価値観や感じ方に「ゆがみ」が生じていることも、多々あるのです。

最初に間違ったフォームでボールの投げ方を覚えてしまった人は、いつまでも綺麗にボールを投げることができません。その矯正は難しく、時には「下手くそ」とからかわれたり、いじめられたりしてしまうこともあるかもしれません。間違った他者像や自己像を持っている患者さんの場合も同様で、認知のゆがみの修正は、医師の助けがあっても困難な作業です。

親との関係は言うまでもなく、人にとって「最初の人間関係」です。それは、その後に出会うすべての人との関係性の基礎となります。友達、教師、同僚、上司、部下、恋人やパートナー、そして自分の子供との関係も、その基礎からスタートするのです。

この本は、その困難を少しでも軽減すべく、親子関係に問題を感じている方と、治療者を目指す皆さん、その双方に向けて書いたものです。

当事者の方と治療者を目指す方は一見まったく異なる読者のようですが、実はそうではありません。なぜなら、双方に必要なのはともに「知識」だからです。

治療者は当然ですが、当事者にとってもそうなのです。

皆さんは自分の親を、どんな人だと思っているでしょうか。

あなたとの思い出をひとまず脇に置いて、一個人としての親を客観的に考えてみると、その人は、どのような人物でしょうか?

子供(かつて子供だった大人も含みます)、とりわけ親に傷つけられた子供は、親を客観的にとらえることが苦手です。

親自身がどんな時代背景のなかで生まれ、どんな環境で育ったのか。どんな苦労をし、どんな問題を抱えているか。そんなふうに、自分の主観抜きの客観的な視点で親を考えてみるのは、おそらく新しい経験となるでしょう。

実はこれは、精神科医が診療の最初に行うことでもあります。そして本書は、「なんらかの問題でメンタルクリニックや精神科を訪れたとして、最初の数回の治療で行うこと」を、本の中で再現しようとした一冊です。

治療では知識が助けになります。本書では、その知識を皆さんに提供します。

本編では、親子問題の背後にある「親自身の問題」を、医学的・社会的視点から概観していきたいと思います。

親の人物像をひもとく鍵はいくつもありますが、中でも大きなトピックとなるのは、「発達障害」の概念です。この概念が広く知られて以来、子供の発達障害や、自分自身の発達障害に悩む方向けの本はずいぶん多く出てきました。

しかし、「親が発達障害だった場合、親子関係に何が起こるか」についてはまだまだ光が当たっていません。この本を通し、「うちのことだ」という発見をされる読者も一定数いるだろうと思われます。

また、発達障害を抱える人のそばにいることで起こる「カサンドラ症候群」も重要なトピックです。「カサンドラ症候群」とは、たとえばパートナーが発達障害で、夫婦関係に悩み、うつになってしまった人などを指します。これに該当する方も、きっといるでしょう。

これらの知識は、ある意味、癒やしにもなりえます。

親を責めるのでもなく、自分を責めるのでもなく、「こういう現象が起こっていた」と客観的にとらえ直すことが癒やしになるからです。もちろん、これで親子問題がスパッと解決、などということはありませんが、「親像」が変わることはやはり大きな治療的変化を引き起こすでしょう。

それと同時に、「自己像」も変わるでしょう。「自分が悪かった」「ダメな子だった」とひたすら思い込んでいる方にこそ、客観的知識を提供したいと思います。

皆さんが、「最初の人間関係」で持ってしまった偏りやゆがみを、この本が少しでも修正することができれば、そして少しでも生きるのが楽になる一助となれれば、喜ばしい限りです。

２０２３年１月

早稲田メンタルクリニック院長・精神科医　益田裕介

はじめに……3

序章 親子間トラウマを乗り越える鍵

主観2・0とは

その「毒親話」で、あなたは変われたか……18
来院者の多くは本当の問題に気づいていない……21
「変えたくない」という思いはないか……23
僕がYouTubeを始めた理由……27
精神疾患という切り口で親を見てみると……29

診察室で、医師がしていること……32
治療のサブ教材として……35

第1章 親子とは何か

産む、育てる機能……40
子供の成長に必要なもの／親が提供するもの……43
子育ての長期化とハイレベル化……46
過去は親が育てる必要がなかった……48
なぜ子育ては迷うのか……51
「ある程度」のサポートを長く続けるのが親の役目……54
親の「無条件の愛情」には限界がある……56
子供から親への、愛憎の正体……58

「最初の人間関係」がその後も繰り返される……61

第2章 なぜ親子に問題が起きるのか

定型発達における衝突や問題……66
子供に障害があるときの問題……68
発達障害とはそもそも何か……70
親に障害があるときの問題①ＡＳＤ受動型……74
親に障害があるときの問題②ＡＳＤ積極奇異型……78
発達障害の親がほかの家族に与える影響……81
カサンドラ症候群の元・子供たち……84
「子供カサンドラ」がなりやすい複雑性ＰＴＳＤ……86
親子とも発達障害というケースも……89

「母子密着」で子供の社会化が遅れる……91
発達障害の親への対処法……94
「親に起こったこと」を知る意味……97

第3章 親はどんな人間で、どんな問題があるのかを知る

「親の理解」を阻むフィルターに気づく……100
親はどんな人？ ①生い立ちと背景を知る……102
親はどんな人？ ②環境の影響、疾患の可能性……105
発達障害とさまざまな二次的疾患……107
境界知能――知性が不足している親だった？……110
うつ病①うつ状態とうつ病の違い、うつの症状を知る……114
うつ病②親のうつ病で子供に起きること……116

「不安障害」には三つのタイプがある …… 118
統合失調症①幻覚と妄想にとりつかれる病気 …… 121
統合失調症②子供は混乱と恐怖を味わう …… 123
双極性障害（躁うつ病）①群を抜く自殺率の高さ …… 125
双極性障害②薬を止めると悲惨な結果に …… 127
強迫性障害①何度も手を洗う、施錠を確認する …… 129
強迫性障害②同じ行動を家族にも強要してしまう …… 131
さまざまなパーソナリティ障害 …… 133
①境界性パーソナリティ障害 …… 134
②自己愛性パーソナリティ障害 …… 135
③反社会性パーソナリティ障害 …… 135
④回避性パーソナリティ障害 …… 136
さまざまな依存症――二面性に翻弄される …… 137
親自身が虐待を受けてきた …… 140
チューニング／プルーニングについて知ろう …… 142
「家柄」や「土地柄」に縛られる親もいる …… 145

夫婦問題、浮気、カサンドラ症候群……147
片親と貧困……150
反骨精神で成功しても、満たされない人……152
自分が「育てにくい子供」であった可能性……154
親の育った世代について……157
宗教2世の問題①子供の社会的自立が阻まれる……160
宗教2世の問題②世代論としての宗教1世……164
仕事・業界について……166
老いた親を理解する①ネットと親との関係……169
老いた親を理解する②遅発パラフレニーと認知症……172

第4章 どんな未来を選択するか

「親理解」のあとに、どんな道を選ぶか……176
親と絶縁することはできるのか……181
和解は、実は一番楽な道……184
「親がわかってくれない」というバイアス……186
結婚をしないという選択……188
子供を産まないという選択……191
引きこもりや暴力の連鎖を止めるには……193
恨みが残り続ける場合……195
親がすでにこの世を去っていたら……198

終章 より深い学びのために

診察室で起こる治療のプロセス

精神疾患の診断をどうつけるか……202

安全性と楽観性を確認する……204
社会性と知的レベルを確認する……206
客観的観察のための対話を行う……208
「抵抗」の所在をつきとめる……212
変化を促す①状況を整理する「明確化」……214
変化を促す②無意識を指摘する「直面化」……217
変化を促す③医師との関係で起こる「転移」……219
転移の理由に気づいたときの激しい動揺……223
知らず知らず演じさせられる「逆転移」もある……227
医師は患者さんのあちこちにある「詰まり」を取る……230
人間の尊厳とは何か……232

おわりに……236

序章

親子間トラウマを乗り越える鍵 主観2・0とは

Prologue

その「毒親話」で、あなたは変われたか

「毒親」というワードが流行しています。

この本を手に取った読者の中にも、自分の親を「毒親だった」と評価している方が少なからずいるでしょう。

親子間に問題を抱える人にとって、この言葉は強い吸引力を持つようです。自分の親はひどい人だった、こんな被害やあんな被害を受けた、今もそのせいで人生がうまくいかない……。

すべての親が愛情豊かで、自分よりも子供を優先するということはありません。子供より自分の感情を優先させる親もいます。そうした親の元に生まれた子供は、長年にわたって「逆境」を味わわなくてはなりません。虐待の経験が後の生きづらさにつながることも間違いなくあります。

毒親と呼ぶことで、自分の親を世間の親とは違うものと一線を引き、悪いものとして理解することには、一定の治療効果はあるようですが……。

では、その元・子供たちは「毒親話」をすることで、すべての悩みを払拭できたのでしょうか？

誰かに吐露してすっきりしたり、関連本を読んで納得したり、という形で一時的な慰めを得られたこともあるでしょう。しかし、それによって以前の自分から変われたり、前向きになれたり、生きづらさが軽減したりしたでしょうか。

そうした変化は、あまりなかったのではないかと思います。

精神科医の立場から言うと、毒親というテーマで繰り返し語ったり、心の中で反芻したりすることは「治療的」ではありません。

なぜなら、それはあまりに単純で、一方的な見方であり、子供の心の成熟を妨げてしまうからです。

「あのとき、○○と言われたことで傷ついた」

「親はいつも私に○○で、それがずっと嫌だった」

という話はいずれも、親が「自分に対して」悪い人だった、という話です。

愛してくれなかった、評価してくれなかった、無関心だった、ほかのきょうだいばかりかわいがった、など。甚だしく深刻なケース（暴力や性的虐待を受けたなど）においてさえ、そこは同じです。結局、理解は表面的なものにとどまります。

この視点からいったん離れることなしに、親子問題の解決は難しいと僕は考えます。

では、自分を傷つけた毒親、という視点から「離れる」とはどういうことでしょうか。

それは、親自身がどういう人だったのか、を客観的な視点でとらえ直すことです。


親に悩む人の多くは、親本人について不自然なほど無知です。


僕のクリニックに来る方でも、親の生い立ちをよく知らなかったり、親の職業名は知っていても、具体的に何をしていたのか知らなかったりします。

人となりについても、意外と知りません。「（自分に対して）ひどい人」の一言で済ませていたり、逆に妙に神格化しすぎて、長所や短所をフラットに見られない人もいます。現実的な背景のある一個の人として、冷静に見られなくなっているのです。

これは「抑圧」と呼ばれる現象で、無意識に、自分の心を知ることを避けているからなのです。

Prologue

来院者の多くは本当の問題に気づいていない

精神科で行われるカウンセリングとは、ごく簡単に言うと、偏りやズレを調整、修正するプロセスです。

偏りというのは自分では認識できないものなので、プロに座標点を修正してもらう必要があります。これは親子問題に限らず、さまざまな問題についても同じようなプロセスをたどります。

「それは考えすぎですね／考えなさすぎですね」

「それは依存的傾向がありますね／そのレベルなら、依存症ではないですね」

というふうに、僕たち医師は随時、どちらにも偏らない「真ん中」を指し示していくことが治療の基本方針です。主観的な判断ではなく、あくまで全体としての中道を目指す、という感じでしょうか。

会社が社外取締役を設けたり、コンサルタントに指導を依頼したりすることにも似ているかもしれません。自分の会社がどんな位置にいるか、時代についていけているか、コンプライアンスに反していないか、足りないものや余計なものは何か、などを客観的に指し示してくれる外部の存在が、組織には欠かせません。

個人も、生活を営むなかで、折に触れて第三者の指摘を受けながら自分を見直すことが必要です。**それはメンタルに問題を抱えていようといまいと同じですが、しかし、問題を抱えている人の場合は、抱えていない人よりも偏りが顕著です。**修正にも時間や手間がかかります。

自分の親がどういう人だったかについては、関係が良好な人や、良好とは言わぬまでも普通の親子関係であるなら、ある程度の知識があります。逆に言うと、(あくまでこちらから見て)不自然なまでにわかっていない人の場合、その人の相談事が何であれ、精神科医は「この人は親子関係に問題を抱えているだろう」と予測を立てます。

来院される方のほとんどは、直接の相談事と違うところに「核となる問題」があります。特定のメンタル症状のある方にしろ、「会社の人間関係が苦しい」といった悩み事を訴える方にしろ、それらはあくまで表面に現れたものであり、深層にはさらに大きな問題が隠れているものです。**本当の問題はいつも無意識の中にあるものだからです。**

僕らは自分に見えるもの、さらに言えば「自分が見たいもの」だけに集中しがちで、目に見えないものの重要性に気づけていないのでしょう。それが自分の心の問題であるにもかかわらず、僕たちは無意識に関心を払えないのです。

Prologue

「変えたくない」という思いはないか

認知のゆがみは、「あるもの」と考えて診療に臨むほうが自然です。

精神科を訪れたということは、その人に「問題を解決したい」「自分が変わりたい」という思いがあったからに違いないのですが、いざ治療の場面になると、執拗に変わろうとしない――言葉は悪いですが、頑なに変化しないのです。どんなに偏った考えを持っていても、その考えに固執してしまうのです。

変化は痛みを伴うし、僕らは「知る痛み」に耐えることが難しい生き物です。

僕が患者さんに向かって、

「男性は全員悪人？　いい人もいるでしょう？」

「世の中は敵ばかり？　それは極端では」

「自分はダメ人間だから、ダメ男としか付き合えない？　そうとは限りませんし、その考え方を変えなくてはいけませんね」

というふうに返答しても、「いやいや、自分はダメ人間です」と言い張ったり、口では「そうですね」と同調しつつもまったく同意していなかったり、心を開いていなかったり、という調子なのです。

さて、読者の皆さんはどうでしょうか。

自分の世界観について、今一度振り返ってみてください。

皆さんが持っている男性観や女性観、世間に対する見方、自己認識、親に対する気持ちに、こうした「執拗な変わらなさ／変えなさ」はあるでしょうか。何年も何年も、同じ世界観を持ち続けているとしたら、読者の皆さんの視点も、おそらく偏りを持っています。

人の世界観は変化するものです。たとえば学生のときと、社会人になってからでは「世の中はこういうもの」という認識は大きく違いますね。

「昔は引っ込み思案だったけれど、社会に出てから積極的になった」「若いころはさんざん遊んだけれど、結婚してから落ち着いた」などの行動の変化も、大小さまざまなきっかけによって随時起こるものであり、それが、人の認知の自然な変化です。

つまり、変化しないことは問題があることの対偶です。変化を促す営みである「治療」が難航するということは、変化したくないという、本人の執着があります。

では、なぜ変化したくないのか。そこには「このままの私を受け入れてほしい」という欲望や、もしくは「どうしてみんなが変わってくれないのか」という不満があります。しかし、一人のために世間や周囲が変わることはあり得ません。その欲望が叶うべきものではないと気づいて、自分自身が変わることが不可欠なのです。

親に関してもそうです。自分が「こうあってほしかった」「こうなってほしい」と思っていても、親とて他人であり、変えようと思って変わるものではなく、こちらの不満は募るばかりです。

変わりたくない患者さんの心に変化を促すとき、私たちは、変化を阻害する要素を探っていきます。トラウマがあって向き合いたくない人もいれば、本人に発達障害的なこだわりがあって、視点を柔軟に変えられないこともあります。

それらのハードルを越えていくには、医師との間の信頼関係をしっかり築く必要がありますが、ここでもう一つ助けとなるのが、患者さん自身の知識です。

親自身がどういう人であったか、に目を向けるとき、「親がこんな問題を抱えていたら、こういうことが起こりやすい」という知識が患者さんの側にもあると、理解がいっそうスムーズになります。

読者の皆さんにもきっと、大いに役に立つでしょう。

Prologue

僕がYouTubeを始めた理由

僕がYouTube上で「精神科医がこころの病気を解説するCh」を始めたのも、実はもともと、患者さんに治療の説明をすることが目的でした。

精神科の診療時間は限られています。ですからその時間は患者さんの話を聞くことに専念し、こちらからの説明は別途行いたい、と考えた僕は、最初、病気や薬の説明を紙に書いて渡していました。しかし、これはあまり読んでもらえませんでした。プリントアウトした紙では荷物にもなるし紛失しやすいかも、と考えて、次はクリニックのHPにブログ形式でつづるようにしました。

が、これも今一つ読んでもらえず。今現在病気で弱っている人には、文字を読むという作業がそもそも負担になりやすいのだ、とわかりました。

患者さんからのリクエストもあり、動画形式にしようと思い立ってＹｏｕＴｕｂｅを開設したのは２０１９年。それまでの苦労が嘘のように、見てもらえるようになりました。

驚いたのは、通院中の患者さん以外の方々にも広く見られるようになったことです。同じような悩みを持つ方々のほか、臨床医を目指す医学生の方々も訪れてくれます。

患者さんが医師の元で治療を受けるにせよ、一般の方々が自分で苦しさを軽減するにせよ、本人に知識があるとないとでは、治療効果が段違いです。

精神医学に関する基礎知識があると、皆さんが「心の問題」だと思っているモヤモヤが、整理しやすいのです。

精神医学は、「心の問題＝脳機能の問題」ととらえます。

精神医学的に言うと、心というものは存在しません。皆さんが「心が傷ついた」「心が痛む」と言い表すものは、すべて脳で起こっていることです。

人と関わることに怖さを感じる人が、「自分はなんて心が弱いんだ」と自分を責めているとしましょう。これを精神医学的に考えると、心が弱いのではなく、脳の機能に何らかの変性（不安障害など）が起こった、という解釈になります。

ではなぜ不安障害が起こったのか。話を丹念に聞いていくと、子供のころに虐待を受けていた、などの出来事が出てくるかもしれません。ならば、そのトラウマの治療をしていけばいい——というふうに、道筋を立てることができるのです。

メンタル疾患は体の病気と違い、目に見えない病気です。血液検査の数値や潰瘍やポリープのようにわかりやすい形で現れてはくれないので、知識がないと、「心」という言葉にまとめてしまいがちです。

だからこそ、目には見えない、脳の病気があることを知る。その種類や、それぞれの対処法を知る。それは親子の問題を考える上でも、きわめて有意義です。

Prologue

精神疾患という切り口で親を見てみると

YouTubeチャンネルを運営してきて、さまざまな発見がありました。

たとえばコメント欄を通じて、自然発生的にコミュニティが出来上がりました。訪れた人同士が、悩みごとや情報を語り合う関係を築いていく様子はとても興味深く、治療的な意義があると発見しました。

と言うのも今の世の中は、情報があふれているにもかかわらず、「人と共有する機会」は限られているからです。**とくに精神疾患の問題に関しては、家の中で隠蔽されて孤立を深めていくケースが少なくありません。**僕のチャンネルが孤立化を防ぐ一助となれば非常に嬉しいですし、その流れを促進すべく、会員制のオンライン自助会も始めました。

発見はもう一つあります。僕は最初、世間一般の方々は、もっとハウツー的な軽い知識を求めているのではないかと考えていました。心の探究には関心がなく、もっと物質的な生の充実を求めていると思っていました。

しかし実際には、精神医学や心理学、社会学などの専門的な話をしても、閲覧数は大きく伸びます。生い立ちやトラウマといった「重め」の話も、たくさんの方が見てくださり、密度の濃いコメントを残してくださいます。お手軽な解決策ではなく、深い話を共有することにニーズがあるのがわかり、それに応えたいという気持ちを新たにした次第です。

この本で語る親子問題も、もちろんその一つです。

本書では、親子に問題が起きる理由を、精神医学や社会的な背景も視野に入れて語りますが、とくにお伝えしたいのは、「親の精神疾患」との関連性です。

親が実はうつ傾向だったのではないか、不安障害だったのではないか、と考えると、これまでの「謎」がかなり解けるのではないかと思います。

とりわけ理解してもらいたい特性は発達障害に関することです。発達障害は、グレーゾーンまで含めると7～8%の割合で集団の中にいると言われています。1割近くですから、かなりの人数です。

これだけの人数がいるのですから、親が発達障害的な特性を持つがゆえに、子供にとって「ひどい親」になってしまっていたケースは、これまでもかなりの数で存在していただろうと考えられます。特性である「こだわり」が極端な束縛になったり、「衝動性」が暴力に発展したり。

子供はそのたびに、「なぜこんなに怒られないといけないのだろう?」「自分がいけないのか?」と悩み、混乱します。結果、子供自身のメンタルにも支障が生じてしまいます。これが広義の「カサンドラ症候群」です（通常、カサンドラ症候群は発達障害の夫を持つ妻の抑うつ状態を指します）。

「親は発達障害だったのかも」

「私はカサンドラ症候群なのかも」

という気づきも、重要な客観的視点です。それは長年持ち越してきた、あなたのもつれた感情を解く糸口となるでしょう。

Prologue

診察室で、医師がしていること

「親に対する視点を変える」ことの必要性と意義は、おおよそおわかりいただけたと思います。

図1を見てください。これは親子問題に関連して、医師が患者さんに対してどのような変化を促していくか、について記したものです。

診療の詳しい流れに関しては終章で述べますので、ここでは大体の大枠をつかんでいた

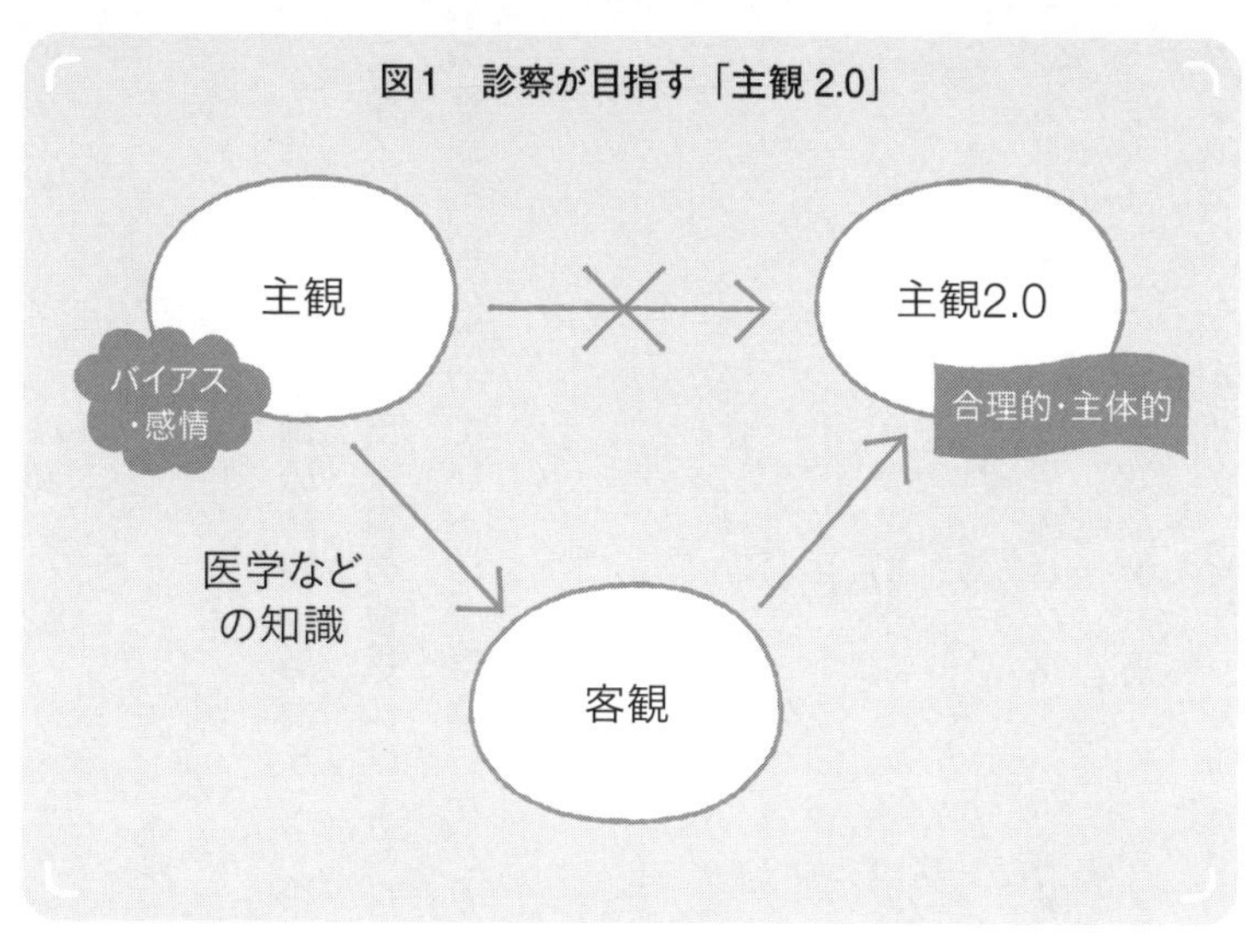

だければOKです。

診察室では、「主観→客観→主観2・0」という再構築を行います。

患者さんはまず、自らの体験を自らが感じたままに、つまり主観的に話します。

この内容は例外なく、ドロドロと込み入っています。それは深刻な体験をした人に限ったことではありません。こちらから見れば小さなことでも、本人が大きくとらえて、とらわれてしまっていることも多々あります。

医師はそれに一通り耳を傾け、次いで、客観的に整理していきます。先ほどお話しした偏りの修正はここに入ります。

ここで、医師ではない一般の方ですと、悩み相談に対して「主観→主観」に一足飛びに行ってしまおうとします。「それくらいで悩まなくてもいいじゃない」「あなたはむしろ、恵まれているほうよ」なんて、友人に言ったことのある方もいるのではないでしょうか。

これに対し、医師の診療はあくまで、事実を明らかにしようとします。実際には何が起こっていたのか、出来事の背景にはこんな要因があったのではないか、あなたは本当はこの点が気にかかっているのではないか、というふうに。

その上で、患者さんに再び主観を考え直してもらいます。偏りと混乱を取り除いたあとの、フラットで整理された「主観2・0」にリライトされれば、治療は完了です。

このプロセスにかかる時間は、人によって大きく違います。数か月の人もいれば、5年以上かかる人もいます。本人が抱えるストレスやトラウマの深刻度にもよりますし、本人の知的能力や、先ほど述べた通り「知識量」も大きく関係してきます。

最近は、そうした知識を共有するためのワークショップもやっていますので、気になる方はTwitterまたはYouTubeをチェックしてみてください。

なお、主観2・0を得たあとの患者さんが、親に対してどのような選択をするかについては、医師はノータッチです。

「私にはひどい親だったけど、親自身は本当は弱い人だったのだ、許そう」と思って和解する。「弱い人なのはわかったけれど、やはり許せない」と思って絶縁する。「縁を切るほどではないけれど、これからは距離を置こう」と決める。等々、そこは患者さんの自由です。個人の価値観の問題なので、医師がどうこう言えることではありません。

つまり、患者さんのモノの見方が変化して、その変化に基づいた新たな決定をできれば、そこがゴールです。思考に変化がなかったり、「2・0に達したと思っていたけれど、相変わらず客観性が乏しい」という場合でない限り、ここを治療の完了地点と見ます。

読者の皆さんにも、このゴールを目指していただければと思います。

Prologue 治療のサブ教材として

といっても、本は診療と違って、皆さん一人ひとりのケースに沿ったことが言えるわけではありません。それでも、基本的な知識はできるかぎり網羅するので、「私はこれにあたるかも」と思える箇所が、複数個あると思います。

「複数個」と言ったのは、親子問題は必ず複合的な要因によって起こるからです。当てはまる数が多いほど問題も込み入ってきますが、感情のもつれや視点のバイアスを是正する効果は必ずあります。

これまで述べてきた通り、本書では、親について徹底的に客観的に見ることで問題を解決する手法をとります。そのため一見、なぜこんなことを知る必要があるのかと思う項目もあるかもしれません。

しかし、1冊通して読んでいただいたときに、これまでとは異なる視点で親を、そして親と自分の関係を見ることができるようになっているはずです。

なお、現在精神科の受診を検討されている方や、すでに受診している方は、この本をサブ教材として使うこともできます。

皆さんは学校の勉強をするとき、授業だけでなく、家でも予習復習をしましたね。「勉強嫌いだったからしなかった」「しなくてもできた」という方は、習い事で考えてみてください。ピアノのレッスンに通っていた人なら、次のレッスン日まで、家で自分で練習した経験があるはずです。

指導と指導の合間に自学自習をはさむことで、学習効果は非常に高まります。

医師の診療を受ける予定がない方も、この本を読んでさらに疑問が出てきたり、より詳しく知りたいテーマが出てきたら、さらに別の本で学びを深めてみることをおすすめします。ぜひ自分に合った方法で、この本を役立てていただければと思います。

第1章

親子とは何か

Chapter 1

産む、育てる機能

親子関係を客観視するにあたり、まずは親子というものについて簡単に振り返ってみましょう。

親子とは、いったい何か。

一見大きな問いですが、生物学的に言えば、シンプルに説明できそうです。ある生物が、生殖活動によって増やした別の生物。その両者の関係が「親子」と、考えてみてはどうでしょう。

生殖活動というと、オスとメスがつがいとなって子を産むことをイメージされるでしょうが、もともと、生殖とは「分裂」でした。アメーバやゾウリムシなど、進化の古い段階で登場した生物は、単体で分裂して、自分のコピーをつくって、仲間を増やします。

性別ができて、別々の個体が交尾によって仲間を増やすのは、もう少し進化した先の生物が行う形態です。このように進化した理由は、多様性を持たせて生き残る確率を増やすためだと考えられています。

アメーバのように、同じような個体がたくさんいるだけの集団は、環境の変化によって全滅してしまうリスクが高くなります。いろいろなタイプの遺伝子を持つ、多様な個体がいることで、どんなことが起こっても、誰かは生き残れる。そうした目的のもと、生物は別個の個体が交わりあって仲間を増やすようになったのです。

その過程で、もっとも発達した生物のひとつが哺乳類であり、我々人類です。

進化の弊害として、哺乳類は、親が子を「育てなくてはいけない」ということが起きてしまいました。

中でも人類は、それがもっとも顕著です。人類の赤ちゃんはほかのどの動物よりも、不完全な状態で生まれてきます。しゃべることはおろか、自分の足で立つこともできません。頭蓋骨も完成していないし、首も座っていません。

これは、人類の脳が発達したせいです。大きな脳、すなわち大きな頭部が出来上がってしまった後に出産するとなると、頭が産道でつかえてしまいます。ですから早めに、不完全な状態で産まれてくる必要があるのです。

このため、人類の赤ちゃんはきわめて無力であり、親の子育ての期間も長期に及びます。

授乳して栄養を補給し、おむつを取り替えて排泄のサポートをし、入浴させ、清潔な服を着せ、自分で移動できるようになったらなったで、今度は誤飲や転落を防いだりと、生まれてから数年間は、片時も目を離せません。

その数年間が過ぎた後も、ご存じの通り、子育ては続くようになりました。生存と安全を守らなくてはならない、という段階を終えても、今度は、群れあるいは世の中できちんと生きていけるように、教育を施さないといけなくなったからです。

学業を終えて、就職をして、独立をするまで、と考えると、その年数は20年以上にわたります。これだけの長きにわたって、人間は「親子関係」を必要とするのです。

Chapter 1

子供の成長に必要なもの／親が提供するもの

子供の成長に必要なものは、徐々に変わっていきます。それに合わせて、親が提供するものも変化します。

たとえば、ここで参考にしていただきたいのが、「マズローの欲求五段階説」です。人間の欲求は五つの段階に分かれている、とする理論です（図2）。

ピラミッド型になっているのは、欲求が「積み上げ式」である、という考え方からです。下にある欲求が満たされて初めて、その上の段階の欲求が発生するというわけです。

もっとも下層にある第一段階は、「生理的欲求」。プリミティブな、「生きたい」という欲求です。生存欲求を満たすには、空気や水、食べ物や衣服、睡眠をする場所や排泄する場所などが必要となります。前述の通り、親は生まれたばかりの子供のために、これらを

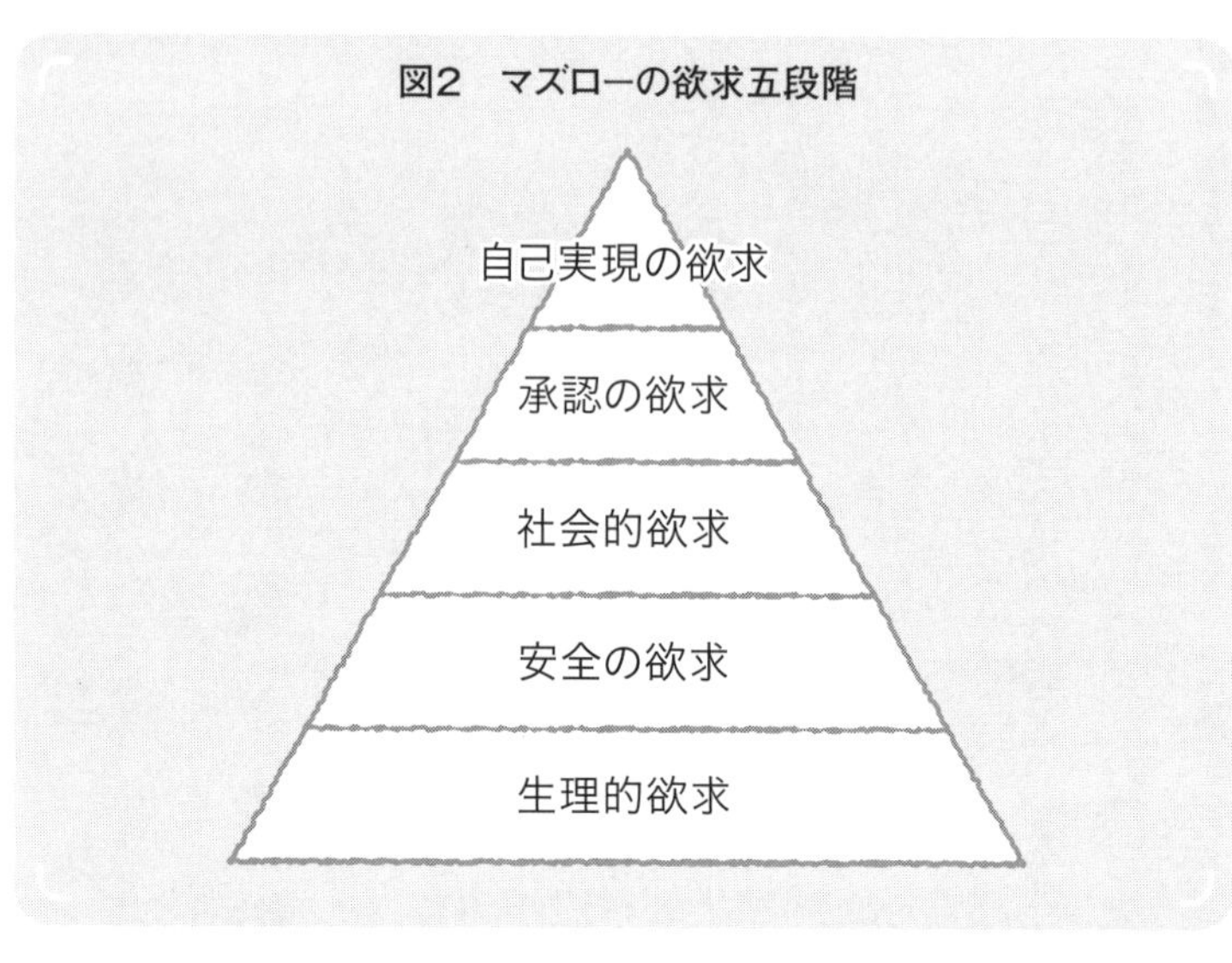

図2　マズローの欲求五段階

提供しなくてはなりません。

それが確保されたら、次に来るのが「安全の欲求」。災害から身を守る住居や、清潔で安心できる環境などです。**親がこれらを提供するには、経済的に一定の安定度を保っておく必要があります。**

第三段階は「社会的欲求」。集団に属したい、仲間が欲しいという欲求です。人はみな、何らかの形で集団の一員となり、社会とつながっていますね。大人なら職場や地域のつながりなどがありますし、子供も学校や習い事など、どこかに属することが必要です。

親は子供に「教育を受けさせる義務」がある、と憲法で定められていますが、これは子供を社会に参加させることでもあると言えます。**親は子供が小さいときには遊び相手になる必要があり、友達を作れる年齢になると、同世代と遊んだり、一緒に過ごす時間と空間を提供してあげないといけません。**

第四段階は「承認の欲求」。存在価値を認めてもらいたいという欲求です。皆さんも、仕事にせよ家事にせよ、評価されれば嬉しいはず。子供も、学校で良い点を取ったり、誰かの役に立って感謝されれば、当然喜びを感じます。

では、親がそうした欲求に応えるには、何が必要でしょうか。**子供に関心を持ち、長所に目を留め、良いことをすればほめる、といったことでしょう。**また、叱るべきときに叱ることや、いわゆる「しつけ」も、子供がこの先、社会の中で承認・評価されていくために必要なことです。

最後は、第五段階の「自己実現の欲求」。自らの才能や可能性を最大限に発揮したい、という欲求です。**子供たちが自由に遊んだり、考えたり、挑戦する時間と空間を用意してあげる必要があります。**勉強や試験結果だけを過度に求めるような、教育虐待になってもいけません。

さて、どこまで親が面倒を見て、どこから本人が自力で何とかすべきでしょうか？
現代の家族に関しては、なかなか線引きできないのが実情です。

Chapter 1

子育ての長期化とハイレベル化

現代においては、子育てはだいたい25歳くらいまで続くかもしれません。モラトリアムが延長され、子供のほうも大人としての自覚が芽生えにくく、それが25歳ぐらいまで続く印象を、２０２３年1月時点で僕は持っています（この感覚は時代の変化でさらに延長されていくでしょうが）。

人間の親子が単なる「生物」であるならば、生理的欲求と安全の欲求さえ満たしていればよいのですが、人間社会ではしつけや学校教育も親の義務となります。

近年その義務は、幼稚園から大学までに限らなくなっています。

いわゆる「意識の高い親」ほど、子供が将来つく職業まで視野に入れて、どのような教育を受けさせるべきかを考えています。就職活動や、ことによると最初の転職まで面倒を見る親は珍しくありません。それが、子供が実家にいる期間＝「だいたい25歳くらいまで」となるのです。

こう言うと、「それは都市部の家庭だけでは？」「地方の子は25年も実家にいないし」と、地方にお住まいの方などは思われるかもしれません。

たしかに、地方の子供は高校卒業とともに家を出ることが多いですし、転職も今のところ、都市部ほど一般的ではありません。しかし都市部で起こることは、そのうち地方でも必ず起こります。価値観や社会の変化は必ず、伝播していき、避けようがありません。

「就職や転職の世話までしなくても……」と考える方もいるでしょう。しかし社会の変化が激しい現代においては、もっとも身近な社会人である親のサポートがあるかないかで、子供の将来が大きく変わります。

親のコネで採用を有利にする、といったことだけではありません。産業構造の変化や業界の動向といった、リアルタイムな情報を子供に提供することは、学校で習うどんな勉強よりも重要です。リアルな大人の意見を聞けるのは、親からしかありません。学校教育では、教師の価値観などを押し付けないことを勧められているため、昔のように本音で話せることが減ってきているそうです。なので、親子で会話ができるかどうかで、子供の社会に対する理解は雲泥の差となっています。

そう考えると、近年世を騒がせている「親ガチャ」という概念にも、一定の妥当性があります。生存や安全しか提供できないか（それさえできないか）、社会的成功や自己実現までサポートできるか。親の知識と経済力が、それを左右します。現代の親子問題は、「格差問題」をはらむものでもあるのです。

Chapter 1

過去は親が育てる必要がなかった

教育格差の問題と密接に結びついているのが、子育ての「密室化」です。

これも、時代が進むほど顕著になっている傾向のようです。

戦前までは、子供は親だけで育てるものではありませんでした。家には祖父母もいましたし、外の大人たちも子育てに参画しました。「子供は地域全体で育てるもの」という意識が自然に共有されていたのです。ほんのひと昔前まで、外で知らないおじさんが子供のいたずらを叱る、という場面がちょくちょく見られました。

今は子供が遊んでいるとうるさいなどと叱る人もいますが、教育的理由というよりも、自分にとって都合が悪いからという理由がほとんどのようです。そういう理由かどうかはわかりませんが、僕のクリニックがある新宿区では公園での球技禁止、騒音禁止、スマホゲームの制限などさまざまなルールが設けられるようになってきています。

子育てという営み自体も、今より単純でした。乳児や幼児の死亡率は現代よりはるかに高かったので、生存と安全さえ提供していれば、親としては十分「合格点」がとれていたのです。教育にしろ就職にしろ、基本は親の生業を引き継げばよいだけなので、さほど高度なことは求められませんでした。

戦後は加速度的に、子育てに関わる人数が減っていきました。核家族化によって面倒を見るのは夫婦二人だけになり、近年はシングルファーザーやシングルマザーも急増。その流れの中で、子供は社会ではなく個人のもの、すなわち「親のもの」という意識へと変わっていきました。

2020年以降は、コロナ禍によって密室化に拍車がかかりました。子供が、家以外の居場所を失ったのです。学校はオンライン授業になり、リアル授業が復活した後も、感染を防ぐため放課後はすぐに帰るよう促されます。塾でも似たり寄ったりの状況ですから、子供は家にいるしかなくなります。

必然的に、子供は家族の影響を色濃く受けることになります。この環境でも自力で友達をつくり、外の世界を確保するのは、かなりの社交性と行動力を備えた子供でないと難しいでしょう。

子供にはかなり息苦しい状況ですが、親も大変です。社会が子育てに関与しなくなったぶん、人手が減り、やることも増え、さらにしつけの責任も増えました。

子育ての「合格点」も昔より水準が高くなりました。今は、良い教育を提供できるかどうかが強く問われ、その良さの平均点も、上がり続けています。最終学歴は大卒が当たり前になり、良い大学に入れたいならば「中高は公立で十分」などと言ってはいられない、という具合です。

昔と同じ教育をしていたら、教育不十分になってしまう。現代は親子ともに、シビアな時代になっていると言えるのです。

Chapter 1

なぜ子育ては迷うのか

子育てに関する親の資質には、知識と経済力のほかにもう一つ、大事な要素がありま す。学歴や社会的地位のある親なら必ず「良い親」になるとは限らないのです。

では、その第三の要素とは何でしょうか。それは、正解のない世界を迷いながらも、ブレることなく、選択と判断ができる心の強さです。

ここまでで何度か「良い教育」という表現をしましたが、そこには一定の正解があるわけではありません。「ここは良い学校だ」と思っても、実際どうかは、入ってみるまでわかりません。さらに、たまたま校長が代替わりして教育方針が変わったり、その年に限って問題児がたくさん入ってきたり、といったことはいくらでも起こります。

「良い会社」も同様です。去年の花形業界が今年は斜陽産業、といった変化はつきものであり、その変転の激しさは学校以上です。

だから、子育ては迷いと判断の連続なのです。どんなに熟考を重ねた上で決断しても、当たることもあれば外れることもあります。子育てのみならず、人生の決断とはすべて、そういうものですが、子供のことになると親はさらに悩むものです。

よって、求められる強さとは、子育てに「正解がないのを当然のこと」ととらえられるかどうかでしょう。これが、親に必要な三つ目の資質です。

この資質を欠いていて、子育てに「正解がある」と思い込んでいると、知識や経済力があっても、教育はおかしな方向に向かいます。

「自分が調べたのだからこれが絶対正解」と子供に押し付ける。逆に何も調べずに「自分が卒業した学校は最高」と押し付ける。無理やり偏った知識を詰め込ませる。明らかに適性のない進路に無理やり進ませる。そうした親がしばしばいます。

子供が泣いたり、叫んだり、うつになってもなお親が判断を変えないならば、これがいわゆる「教育虐待」です。

逆に、「本人の意思を尊重する」ことを絶対の正解だと信じる親も、これはこれで問題です。たとえば10代の子供が「YouTuberになる」と言い出したとき、リスクヘッジのしかたも伝えず盲目的に賛成する、なども子供にとっては頼りなく、反対してもらえる親に比べて彼らは「損」をしているかもしれません。

ひと昔前の価値観を主張しすぎることで、子供の思考回路を狂わせる親もいます。「良い大学さえ出ていれば将来は安泰だ」「いったん入社したら定年までいるべきだ」などが典型例です。周りの子供はそんなことを思っていないのに、彼らだけがひと昔前の価値観で生きていると、損をするのは子供たち本人なのです。ひどいケースになると、「パソコンでは本当の知識は身につかない」と、紙のテキストや紙の辞書だけで勉強させようとする親も実際にいます。

偏差値的に優秀な親であっても、こうしたことは起こります。

こういう問題の背景によくあるのは、親の発達障害の可能性です。発達障害的なこだわりが子供の教育に向けられたとき、子供は大きなストレスを背負います。これは臨床場面でも頻繁に見られるケースなので、後ほど第3章で、詳述したいと思います。

Chapter 1

「ある程度」のサポートを長く続けるのが親の役目

現代の親は求められることが多くて大変だ、と語ってきましたが、大変ではあっても、「無理」ではありません。**子育ては正解のある世界ではありませんから、ある程度、できていればいいのです。**

たとえば、子供のころから親子の会話の時間を持つ。

子供の好きなこと、得意なことに目を向け、応援する。

世の中のしくみや、今の世にある職業、これから必要なスキルなどの話をする。

転職に関しても、そのメリットやリスク、転職市場の現況、転職の具体的な方法などについて概観を語れれば十分です。

つまり、社会人経験があれば誰でも知っているようなことを伝えられればいいのです。

それだけでも、10代や20代の子供にはきわめて貴重な情報となります。

進路相談は学校の先生や大学の就職課の人のほうが詳しいのではないか、と考える方もいるでしょうが、そうとは限りません。高校の先生といえども、先生自身が積極性を持って勉強しないと、最新の知識を備えられません。学校が組織的に知識強化の体制を整えていることは極めてまれです。というより、日本の教育システムがそのようにはできていません。「本人の気持ちを重視しよう」「本人のやりたいことを最優先に」といった言葉で指導するしか、許されていないという側面もあるそうです。

本人の気持ちを尊重するスタイルは聞こえはいいですが、子供の出した答えの筋が違った場合、大きく間違えてしまう可能性があります。そうしたとき、本人の意思を阻むのは親の言葉しかなく、親が機能をはたさないと、子供は失敗するまで修正ができません。

やりたいこと、と言っても、10代でそれを明確に持っている子は少数です。将来の選択肢を考える上で、情報の有無によって大きく差が出ますが、その情報源において親の存在感は年々強まっており、そういう面でも格差や断絶が生まれてきています。

Chapter 1

親の「無条件の愛情」には限界がある

さて、親側のサポートが十分であっても、うまくいかないことはやはりあります。子供に何らかの障害がある場合は、養育が十分になされていても成長に限界があります。とくに発達障害やグレーゾーンのような、一見わかりづらい障害を持った子には、見た目ではわからない分、親は非常に困惑させられます。

定型発達の子供なら、親に少々の失敗があっても、それなりに育つものです。キャンプ場のカレーのように、料理の工程に多少の失敗があっても、それなりの味でまとまりますし、不出来でさえ笑い飛ばせるものです。

しかし、**「心配しなくても大丈夫。子供は勝手に育つものよ」というよく聞く声かけは、多くの家庭では通用するものですが、発達障害などの精神的な障害がある子供には通用しません。障害のある子供の子育ては、専門的な知識と配慮、工夫が必要だからです。**

障害のある子供の親は、心配になり、いろいろな子育てのやり方を調べますが、大衆向けの多くの子育て論は一人の成功例を一般化させているだけで、根拠はなく、障害のある子供には害悪だったりします。

それだけでも大変ですが、一番つらいのは、子供と気持ちが通じ合わないことでしょう。発達障害の子供は目を合わせなかったり、スキンシップを嫌がったり、親に無関心なこともあります。親の気持ちを理解し、共感してくれることは、定型の子よりもかなり少なくなります。

手がかかる上に、情緒的な交わりができない。この状況において、親の子育ては厳しい試練にさらされます。

「親は子供に無条件の愛情を注ぐ」と言われますね。それは基本的には正しいのですが、こうした状況ではなかなか難しいです。そして、親自身もそんな自分を責めてしまい、うつになってしまうことも多いです。

ほか、親自身が虐待された経験があったり、夫婦関係がうまくいっていなかったり、貧困で生きていくのに精一杯だったりして、愛情を持てない親もいます。また、親自身に発達の問題があれば、やはり子供への愛情や関心が希薄になることがあります。

こうした傾向に対して、「親と子供、どちらが悪いのか?」という視点で語ることに、あまり意味はありません。必要なのは「親は子に無条件の愛情を持つ」という世の常識に、留保を加えることです。

親に愛されなかったと感じている人(もしくは子供を愛せないと悩んでいる人)には、とくにこの視点が重要となります。

「親は子供を愛して当然」という発想に「ただし例外はある」という認識が加わることで、親(子供)への思いにも、一定の客観性がもたらされるでしょう。

Chapter 1

子供から親への、愛憎の正体

すべての親は子供を愛するべきだ、という常識も疑ってみる必要があります。もしすべての親がすべての子供に無限に愛情を注いでいたら、人類は存続できなかっただろう、と思われるからです。

たとえば原始時代、飢餓の危機の最中を想像してみてください。村の大人たち全員が子供に全部食べ物を与えてしまえば、大人だけではなく、自活する能力の低い子供達も死んでしまうでしょう。村の中に子供の食べ物を奪ってでも生き延びてやろう、という悪い大人がいなければ、人類は絶滅していたでしょう。

平和な現代であれば、嘘つき、残虐、暴力的とみなされる悪徳も、時代と状況が変われば、それが必要なこともあったでしょう。

なので、常識的に考えられている美徳についても、生物学的観点に立って考えてみると、疑ってみる必要があります。

親が子供を十分に愛していない、ということはありえます。自分中心で、子供が二の次という親がいることは現実の事象として、起きていることです。

一方、子から親への愛についてはどうでしょうか。

こちらは、根源的かつ絶対的かもしれません。親に愛されるか否かは、無力な子供にとって、生存や安全を大きく左右するからです。「親思う心にまさる親心」という言葉がありますが、実は逆です。非力な子供から生殺与奪の権がある親に向ける思いのほうが、親から子へのそれよりも強いのです。

発達障害で自閉傾向を持つ子が親に無関心になりやすい、という例外はあるものの、動物的な本能として、子は親を愛さずにいられません。

「そんなことはない、小さいころから私は親が憎かった」と思った方もいるでしょう。この場合は、親を憎む気持ちは、「親に愛されたい、理解されたい、受け入れられたい」という願いの裏返しかもしれません。願いが叶わないときに、愛は憎しみに転じたり、愛憎が入り混じるのは、よく知られていますから。

世の中で「毒親」というテーマが注目を浴びるのも、このような感情のもつれを感じている人が多いからでしょう。恨みや憎しみまでは感じていなくても、なんとなく親としっくり来ない人たちも多いはず。そうした人々が理由を明確化し、整理をつけたいと望んでいるのだと思います。

しかし序章で述べたように、このテーマを掘り下げても、あまり生産性はありません。**悪い親のせいで子供は苦しむ、という「結論ありき」な話にいくら触れても、「そうそう、私もそれで苦しんだ」と、共感された気がしてひととき慰められるだけで、その先に続く道がないのです。**

「先に続く道」とは、どんな親のもとに育ったにせよ、本人自身の意思で選択していく道、ということです。この道は本来、大人になれば自然と選べるものです。子供のころならいざ知らず、大人になれば、自分が何を選択しようと自由だからです。

しかし親との関係にとらわれている人には、それが困難になります。必要なのは、この不自由から脱することです。

Chapter 1

「最初の人間関係」がその後も繰り返される

人間にとって、親および家族との関係は最初の人間関係であり、その後の人間関係のベースになります。「長女は面倒見の良い人が多くなる」など、集団内での役割に傾向性ができる、という話はよく耳にするでしょう。そのほか、「自分はこうふるまうべき」といった行動規範や、人に対する評価や見解にも、家族の影響が強く出ます。

ある人が、会社で「偉そうな部下」に腹を立てているとします。それも、「目下のクセに意見を言う」など、はたから見ると理不尽な腹の立て方をしているなら、その背後には、実は厳しい父親に育てられたために「立場が下の者は自分の意見など言ってはならない」という価値観が刷り込まれていた、などの事情がありえます。

もちろん、この程度のことなら誰でも多かれ少なかれあるでしょう。

しかし価値観に偏りのある家庭、特殊なルールの家族関係が営まれていた家庭に育った場合には、社会に適応することが非常に難しくなります。親の価値観が基準になっているので、世間一般とのギャップに混乱するのです。

世を騒がせている「宗教2世」はその典型例かもしれません。この問題は、親が教祖にお金を貢いで家族が困窮する、という点がクローズアップされがちですが、そうした搾取的な宗教団体でなくとも混乱は起こります。価値基準や行動習慣が一般社会と違っていることで子供が苦しむ、というケースは多々あります。

家庭とは、その人が属する初めての集団・組織です。なので家庭で学んだ常識は、印象深く、その人の人生に深く影響を与えます。

家族との間にあった問題が、その後の人間関係で繰り返される現象もよく起こります。職場の上司や同僚、恋人、義理の両親、自分の子供との間で、自分と親との関係をリピートしてしまうのです。

父親から暴力を受けていた人が、再び恋人のDVによって暴力に苦しんでいたり、支配的な両親に育てられた人が、支配的な性格の上司から再び厳格な業務管理を受けたり。

ちなみに序章で述べた、相手について「不自然なほど知らない」傾向も、繰り返されがちです。パワハラ上司について「自分に対してキツイ人」ということ以外まったく知らなかったり、DV彼氏を「本当は優しい人なんです」などと一生懸命かばったりのろけたりしながら、職業や出身地や、ときには年齢さえ知らなかったりすることがあります。

人間関係のリピートは、「自分の役割」を繰り返すとは限りません。自分以外の家族が担っていた役割を、無意識のうちに演じるケースもあります。暴力的な父親が憑依したたかのように、今度は自分が攻撃的になる、母親が憑依したかのように今度は自分が奉仕的になる、など。

その後の人間関係にも、最初の人間関係である家族関係は、影響を与えるのです。

人間は学習する生き物ですが、最初に学習したものの影響を一番受けるものです。「はじめに」に書いた通り、誤ったフォームでボールの投げ方を覚えてしまうと、なかなかフォームを直せないように、誤った人間認識や人間関係の構築を身につけてしまうと、それもなかなか修正できません。家族というのはそういうものでもあります。

皆さんも、今の人間関係に、過去のリピートがないか振り返ってみましょう。

もし、子供のころの自分や、父親や母親の役回りを無意識に演じていたと気づいたら、それを「意識」できただけで、大きな一歩を踏み出しています。

第2章

なぜ親子に問題が起きるのか

Chapter 2

定型発達における衝突や問題

第2章では、親子に起きる問題の原因を、精神医学上の障害の有無からひもときます。中でも、発達障害およびグレーゾーンは前述の通り人口の7〜8%と数が多く、そばにいる人（配偶者や子供）のカサンドラ症候群も大きな問題となるので、重点的に取り上げていきたいと思います。なお、本書では神経発達症という新しい名称ではなく、旧称の発達障害を使います。2023年1月時点では、そちらのほうがまだ一般的なので。

まずは、親子とも定型発達であっても起こる、ごく普通の衝突について考えていきましょう。

最初の衝突は、親が「しつけ」をするとき、すなわち幼年期に起こります。幼い子は、あれを食べたい、これを欲しい、まだ遊んでいたい……と、欲求のおもむくままに訴えるものです。親はそれらの中で、本人のためにならなかったり、人に迷惑をかけたりするようなことを我慢させなくてはなりません。

となると当然、子供は抵抗します。お片付けをしなさいと叱る親と、まだ遊んでいたいと抵抗する子供がいますが、彼らはまさに最初の衝突期を過ごしているわけです。あのようなぶつかり合いの中で、子供は徐々にわがままを制御できるようになっていきます。とても泥臭いインストール方法だと思いませんか？

次の衝突は、思春期に起こります。子供から大人になっていく10代、つまり自我が確立していく過渡期において、子供は親や、親を含む大人世代に反抗します。

親の言うことに従わない、親と自分の似たところを忌み嫌う、ときには口さえ利かなくなる、といった行動に出ることがありますが、あくまで一過性です。個人差はありますが、20歳ごろにはだいたい落ち着いて、親との関係も平穏化します。

こちらについても、泥臭いやりとりが必要になります。

次に衝突があるとすれば、成人した子供が自立しようとするときです。今度は逆に親が子離れできなくて、子供のキャリアアップや結婚の邪魔をする、というケースがあります。が、これも親が現実と折り合うことで、徐々に乗り越えていけるものです。

以上のような衝突が、親子間で起こるのは自然なことであり、むしろ必要とも言えます。

汗と涙と鼻水が入り混じる衝突は、親子だから許される教育方法であり、古今東西、人類という生物が大人になるには、必要なやりとりだったのだろうと思います。

逆に、ぶつかり合いのない親子関係のほうが心配です。衝突がないことは学習機会の損失と同義であり、他者との関係が希薄な現代ではとくに、家庭以外では学ぶことが難しいからです。

Chapter 2

子供に障害があるときの問題

子供の反抗が一過性で終わらなかったり、精神疾患に至ったりする場合は、根底に発達障害的な特性があるかもしれません。

定型発達の子供なら、親によるしつけや教育に対して一通りの反抗はするものの、最終的には「屈服」するものです。自分はまだまだ親には勝てない、という現実と折り合い、「ここは従っておこう」という妥協点を見つけて納得に至ります。

しかし発達障害があると、そうした柔軟性に欠けているため、妥協やあきらめが苦手です。親に反抗し続けるか、内面で戦い続けた結果、自分の認知を修正することができず、現実と折り合いがつけられないので、うつ病や摂食障害を発症することもあります。

発達障害の二次的疾患として、もしくは遺伝的形質の影響で、境界性パーソナリティ障害を発症することもあります。この疾患は感情制御がきわめて不安定になる、という特徴があります。**自己と他者のイメージが不安定なために、親が愛情をかけていても、不十分で、愛されていないと訴え、ときには自傷に走ります。**

あるいは、依存症が挙げられます。薬物やアルコール、ギャンブルや性依存など。いったん陥ると本人の意志とは関係なく、その物質やその行為をやめられなくなります。身近なもので油断ならないのが、スマホ依存です。アルコールやギャンブルより安全か、と思いきやそんなことはなく、課金をやめられず、親のお金を盗んだり、大人になると借金で首が回らなくなる例もあるので要注意です。

以上のような逸脱と、正常な成長過程としての反抗とは、少し毛色が違います。反抗期の高校生がちょっと夜遊びをするのはよくある話ですが、高校生が何百万もホストに貢ぐのは異常です。自傷や、薬物・アルコール依存のように、身体面でのダメージが著しいのも問題です。

子供がこうした事態に陥ったとき、多くの親は「自分の子育てが間違っていた」と自責の念に駆られますが、それは違います。

きちんと子育てしても、障害があれば逸脱行動には出てしまいますし、依存症も親のせいではなく、依存対象に出会ってしまった不運によるものです。いたずらに自分を責めるのではなく、冷静な態度で、医師の指導を受けながら回復を目指すのが適切な対処です。

Chapter 2

発達障害とはそもそも何か

ここで、発達障害とはそもそも何か、について話しておきましょう。発達障害は、生まれつき脳の働きに違いがあり、一部の知的活動に制限が認められている状態を指します。**平たく言えば、できることとできないことの差が激しい状態です。勉強はできるのに片付けがまったくできない、人とのコミュニケーションが非常に不得手、など。その凹凸が日常生活に支障をきたしているなら、発達障害があると考えられます。**

発達障害には、いくつかの種類があります。それぞれの特徴は以下の通りです。

・自閉スペクトラム症（ＡＳＤ）：コミュニケーションが苦手、相手の気持ちを考えられない、こだわりが強い、過集中、感覚過敏、など
・注意欠如多動症（ＡＤＨＤ）：不注意、忘れ物が多い、衝動性が高い、じっとしていられない、など
・限局性学習症（ＬＤ）：他のことはできるのに文章を読むのが苦手、文字が書けない、計算ができない、など

ＡＳＤとＡＤＨＤは、しばしば合併的に現れます。人の気持ちを読むのが苦手なＡＳＤ

的傾向のある人が、忘れ物癖や衝動性を持っている（ADHD傾向がある）、というケースは多く見られます。

ASDはさらに、数個のタイプに分けて理解されることもあります。

・受動型：おとなしく無口、自分の主張がない、関心の幅が狭い。人の言いなりになりやすい

・積極奇異型：主張が激しく、押し付ける傾向あり。人の話を聞かず自分の話ばかりする

ほか、一人を好む孤立型、やたらと偉そうな尊大型、大げさなふるまいを好む大仰型などの分類がありますが、受動型と積極奇異型がよく使われる分類です。

なお、発達障害の度合いには、濃淡があります。できることとできないことの凹凸の激しさが上位1～2％くらいのものを発達障害、7～8％くらいまでを「発達障害グレーゾーン」と言います。とはいえ境界線はかなりあいまいで、ここからがグレー、とはっきりは言えません。

グレーの人は、発達障害よりも程度はゆるやかですが、やはり苦労が多くなります。会社勤めは一応できているものの頻繁にいじめに遭う、などの逆境にさらされることも。障害の程度が軽いため、かえって周囲の理解が得づらい、福祉の援助を受けられないというつらさもあります。

精神発達遅滞（いわゆる知的障害）を例に挙げると、ＩＱ70未満を障害とみなし、人口の1～2％がそれに当たります。彼らは一般の人に比べて、相対的に知的に劣性であるため、普通に働いたりすることが困難です。また下位14％前後は境界知能と呼ばれ、障害ではないものの、職場では仕事についていくことに必死で、自尊心を失いがちです。これらの障害も濃淡の問題であり、どこからが障害というのは特に決まりはなく、社会的なニーズに合わせて、なんとなく決まっているということになります。

発達障害に関しても同じようなもので、相対的な劣性に対し、社会ニーズに合わせて、診断名を与えているということにもなります。

さて、これらの特徴は発達「障害」と言われ、この本でもそのように言い表さざるを得ませんが、定型発達に比べて何かが劣っている、というわけではありません。脳のタイプが違う、質が異なる、つまり「個性」の一つです。

その意味では、性的少数者の方々と似ています。彼らも、多数派に比べて劣っていたり勝っていたりするわけではなく、性的指向の質が違うだけです。

「少数」の中に非常に多くのバリエーションがあることも共通点です。LGBTQIというふうに分類してもなお、その枠にはまりきらない性的指向を持つ人がいるように、**発達障害の人も、一人ひとり異なる多様な現れ方をします。そしてそれだけに、本人も周りにいる人も、誰かを参考にすることも難しく、対応に苦慮するのです。**

Chapter 2

親に障害があるときの問題①
ASD受動型

発達障害の現れ方は人によってさまざまなので、親に発達障害的な特性があるときに起こる家族の問題も多様になります。

まずはASD受動型の親について考えてみましょう。ASD受動型とは、主体的に行動することが苦手で、人から言われたことなどはやることができますが、自ら進んでアイディアを出したり、コミュニケーションをとったり、行動をすることが苦手です。何事にも受け身で、いわゆる「指示待ち人間」であることが多いです。

ASD受動型の親は、全般的に、家庭や家族への関心が薄いように感じられることが多いようです。

父親ならば、多くの場合、自分のペースやルーティンの中だけで生きる、ほかの家族にとっては「いるかいないかわからない」存在になりがちです。夕方にフラリとランニングに出かけて、帰りに自分の好物を買ってきて、家族の食事は無視して一人で食べてしまう、といったこともあります。

家事にも消極的、というより「家事をすべきだ」という意識がないことも多いです。ただし、妻から「ごみ捨てだけはやって」と言われたら、それだけはするということはあるようです。指定されればそれ「のみ」をし、指定されたこと以外はしないのです。

母親がASD受動型の場合も、父親に比べて家事はするケースもありますが、やはり家族への関心が希薄になりがちです。ネグレクト（育児放棄）をする母親には、ASD受動型がしばしば見られます。

このタイプの母親を持ったときに子供がとりわけつらいのは、共感が得られないことです。いつも無口で無表情、笑顔が少なめ。たとえるなら『新世紀エヴァンゲリオン』の綾波レイのようなキャラクターです。自分からは会話しようとせず、こちらから何か言っても反応はわずか。何を考えているのかわからない親です。理解してもらえず、話をしても相手からの手応えも少なく、面白くありません。

親の側も、子供が何を考えているのかわかっていません。そもそも理解しようという意志や、理解する能力が微弱です。

ですから、悩み事を抱えたりすると子供は非常に困ります。子供は大人のように、考えていることを上手に言語化できないので、親が「なんとなく元気がないな」と察して「何かあったの?」と聞きながら頭の中の整理を手伝ってあげる必要がありますが、このタイプの親の場合、そういうサポートは望めません。

子供のほうから打ち明けたときでさえ、親身でない対応をしがちです。語る内容が、どれくらい困ったことなのかを理解できないようです。「学校でいじめられてるんだ」と言っても「ふーん」で済ませてしまう。「レイプされた」と娘が訴えても、「それは昨日の話でしょ？　今日はもう大丈夫よ」「ブザーを持ち歩けばいいじゃない」と言って学校に向かわせた、という話も実際にありました。理解ができず、なんと声を掛ければいいかわからないのです。

こうした親のもとでは、子供は愛情に飢えます。

親のことを「発達障害のＡＳＤ受動型だから、理解できないのも仕方ないよな」なんて思えるわけもなく、「自分はダメな子だから愛されないのか？」と、興味を持ってもらえない自分を責めて、自己肯定感が著しく下がる子供も珍しくありません。

その家だけの独特の文化があっても、子供の間はそのおかしさに気づかないことがよくあります。定型の家族でも、中学生や高校生になって初めて「えっ、これウチだけ？」と驚いた経験が、どんな人にもきっとあるでしょう。親の価値観はそれくらい「当たり前」に、子供に染みついていくものです。

発達障害の親であっても、子供はその特性や習慣を、当たり前のものとして受け入れるのです。そして何か問題があった場合、たいていは子供側に問題がある、と親子で認識されがちであり（定型の親子同様）、子供は「自分が悪いのか？」と自責し、混乱するのです。

Chapter 2

親に障害があるときの問題②
ASD積極奇異型

ADHDやASD積極奇異型、ないしその複合型の親は、受動型とは対照的に、エネルギッシュで行動的です。

ASD積極奇異型は人の話を聞かず、自分ばかり話す傾向があります。他人の迷惑などお構いなしで、自分の話したい話をしてしまう。また、その話が面白かったりすると、それも厄介で、こちらが質問しようものなら、やっぱり興味をもってくれたと、10倍にして話を返すのです。これらの原因は、他者と自分の境界があいまいなため、子供にとって興味のない話を延々と聞かせたりしてしまう、という説もあります。

会話の中で、聞き役に回ることが少ないので、ASD受動型とは別の意味で、「わかってもらえない」苦しさを子供に味わわせることにもなりかねません。

「押し付けグセ」が、ほかの方向に発揮されることもあります。たとえば、分刻みの時間管理をする親もいます。起床や食事のタイミングが厳密に決まっていたり、門限を非常に厳しく設定して家族に強制する、など。

食べ物の添加物にこだわって、「食べてはいけないもの」が異様に多い家庭もあります。お金に関して異常に厳しく、お小遣いを1円単位で管理したり、おやつ代や食事代をケチったりする親もいます。あるいは、ＬＩＮＥを頻繁に送る母親もよくいます。四六時中子供の心配をして、1日に何十回も様子を聞いてくるので、子供はずっと息苦しい思いをしなくてはなりません。

このタイプの親はしばしば「ワンマンな暴君」になります。暴君型の親は「成功者」であることもよくあります。発達障害につきもののこだわりや過集中が勉強や仕事に向けられたとき、それが大きな成果となって、高い学歴や出世に結び付くのです。そして、その経験が（悪い意味で）自信となり、子供に自分の価値観を押し付けるのが、典型的なパターンです。

たとえば、東大卒のエリートの父親が、「東大に入れなければ人間の屑だ」と無理やり息子に勉強させる、などが例に挙げられます。それでいて「勉強ばかりしていても体がなまるから」と急遽、旅行に連れだしたり、その結果成績が下がると「俺にできたことが、なぜお前にはできない」と、子供の自尊心をくじいたりします。また、父親が「キレやすい」という例もあります。本人だけのこだわりがあり、そこに触れると烈火のごとく怒りだすのです。

昔ながらの価値観を持つ女性で、この話題になるとよく、「たしかに父はときどきキレたけれど、それ以外のときは愛情深かった」という人がいます。その愛情も、決して嘘ではないと思います。ひと昔前の男親には、奥さんや子供を「所有物」だと思っている人が多数いました。自分の持ち物に愛情を注ぐのは、これはこれで当然のことです。今の人が当時の家族関係の話を聞くとなんだか違和感があるのは、このためです。

Chapter 2

発達障害の親がほかの家族に与える影響

発達障害の親がいる家では、ほかにもさまざまな問題が起こります。

母親が片付けがまったくできず、家の中がいつも混沌としている。料理がとても下手で、完成までに時間がかかる。朝起きられない親で、自分だけお弁当をつくってもらえなかった。そうした家事系のトラブルにまつわる悩みはつきものです。

ASDで、他者に無関心な父親がいる家では、母親が寂しさを募らせて子供に依存することもあります。たわいないおしゃべりから、父親の愚痴や悪口、自身の悩み事まであらゆることを話して、子供をカウンセラー役にしたててしまうのですが、当然、子供には明らかに荷が重すぎます。これは言わば、精神的な「ヤングケアラー（子供が家族の介護、看護のために自分の時間をもてないこと）」問題です。

父親の悪口はやはり子供にとってこたえるものであるし、反対に、さほど重荷とは感じず、むしろ頼られる嬉しさや誇らしさを覚える子供もいるのですが、その結果、どちらのパターンであっても、頑張りすぎて病んでしまうことになります。

コミュニケーションの障害があるためか、夫婦仲は悪くなるケースが多いです。誤解やすれ違いがあったり、自分のこだわりを譲ることができず、トラブルになることも多くあります。

発達障害の親自身が不倫に走るのもよくあります。欲求不満に耐えられず、衝動的に刹那的な判断をしてしまうからで、性欲を抑えることが苦手です。男性だけでなく、女性の場合も多くあります。

いずれの場合も、根底にあるのは「自分は夫／妻である」「父親／母親である」という「役割意識」の乏しさです。青年時代・娘時代の意識が抜けず、親としての役割を全うするという意識が乏しいのです。良くも悪くも自己中心的で、社会や組織に従順になることが苦手です。

こうした、ある種の未熟さは、人間理解の乏しさともイコールです。

彼らは人に騙されやすい傾向があります。悪徳商法や、怪しい宗教の勧誘にひっかかり

やすいほか、日常的なレベルでは、たとえば子供の嘘を真に受けたりもします。

兄が何か失敗をして、苦し紛れに「弟がやった」と嘘をついたら、うのみにして弟を叱る、といったことがよく起きます。兄が要領の良い子供なら、味をしめてそれを繰り返すようになるでしょう。結果、兄弟間にもひずみが起こります。

少し脱線しますが、子供たちのうちの一人に発達障害があり、親がその子に掛かり切りになってほかの子供が放置されるのも、よくあるケースです。障害のある子供と、それを援助する子供のきょうだいとの間には、複雑な感情のもつれが生まれがちであり、将来にわたって尾を引くこともあります。

その子供が愛情に飢えたまま大人になると、無意識のうちに親を求めて20歳以上年上の人しか恋愛対象にならない、といったこともしばしば起こります。

逆に、恋人や配偶者との間に妙に距離を置き、自分の領域に立ち入らせない人もいます。これは、一種の防衛反応でしょう。相手を受け入れてしまうと、昔味わった寂しさを思い出してしまうので、あえてきっちり線を引くのです。

Chapter 2

カサンドラ症候群の元・子供たち

ここまでに何度か、「カサンドラ症候群」というワードが出てきました。「症候群」という名前がついていますが、これは医学用語ではありません。発達障害の人のそばにいる人、たとえば恋人や配偶者が、本人とのコミュニケーションに悩んで、心身の不調をきたしてしまった状態を指します。精神医学の正式な診断名で表現するなら、適応障害というのが妥当でしょう。

落ち込んだり、無気力になったり、意欲や集中力が出なくなったり、考えることが難しくなったり、言葉数が少なくなったり、自分は価値のない人間だと感じたり、不眠や食欲不振などの身体症状が出たりします。

先ほど述べた、夫との不和から寂しさを埋めるために子供に依存してカウンセラー代わりにするお母さんなどは、まさにカサンドラ状態だと言えます。

カサンドラになるのはパートナーの大人だけではありません。

子供も、カサンドラ（適応障害）になります。子供時代は抑うつ状態のまま、受診に至らず、大人になってから、ようやく受診につながるケースも珍しくありません。

「母とは会話もスキンシップもない」「父に東大進学を強制されて夜通し勉強させられる」などの悩みは、その時点では周囲に理解されることが少ないようです。

発達障害は傍目には見えにくいので、周囲は「あなたのお母さんはおとなしいのね」「教育熱心なお父さんなのね」といった程度にしか見てくれず、被害に遭いながらも放置された状態になります。

そんな子供の内面では、どこの家もそんなものなのだろうか？　みんな我慢しているのに、自分だけが甘えているのだろうか？　と自分に問題があるように、思考が進んでしまうようです。

なぜお母さんは笑ってくれないのか、なぜ困っているのに助けてくれないのか。なぜお父さんはすぐキレるのか。なぜ門限を1分すぎただけで殴られなくてはならないのか。自分はなぜ愛されないのか。それは、自分がダメな人間だからでは……？

生まれてから実家を出るまでずっと、そんな疑問と不安を感じながら生き続けるのですから、苛酷な人生です。成人後も「誰にも理解してもらえない」という思いが根底に染み付いてしまっているため、対人関係も不安定で、それが原因でさらにつらい経験をするという悪循環になることも多いです。

ではそういう人に、どういう治療がおこなわれるのでしょうか？

精神科や心療内科を受診して、過去の経験を語る中で、「親が発達障害だったから」という点に気づくことができれば、不安や疑問に終止符を打つことができます。

大人のカサンドラ症候群同様、元・子供にとっても、原因がわかるだけでスッと心が軽くなることはよくあることです。

発達障害の親が、その特性ゆえに虐待のような対応を子供にしてしまった場合（さらに、虐待をしていた場合）、子供の診断は「複雑性ＰＴＳＤ」になるでしょう。

もともとＰＴＳＤ（心的外傷後ストレス障害）とは、ベトナム戦争に従軍した人々の多くが、帰還後もトラウマに悩まされて日常生活に支障をきたしたことからついた疾患名です。当時は「トラウマ」の定義が狭く、戦場や災害などの強烈な体験のみが対象となっていましたが、虐待のような、長期的・反復的なものも徐々にトラウマに含まれるようになりました。

ＰＴＳＤと同じ症状があり、かつ長期的かつ反復的な苦痛の経験を持っている人は、「複雑性ＰＴＳＤ」と診断されます。

ＰＴＳＤになると、トラウマのもととなった体験が頻繁にフラッシュバックしたり、その体験を思い出させるような場所やイベントを執拗に避けたりするようになりますが、複雑性ＰＴＳＤだけに見られる症状もあります。

たとえば複雑性ＰＴＳＤのほうが、気持ちのアップダウンが激しくなります。

また、どちらも自己肯定感が低くなりますが、その原因が通常のＰＴＳＤは抑うつ的な気分からであるのに対し、複雑性の場合は、生い立ちや経験が原因になっています。人と親密な関係を築きにくくなるのも特有の症状です。

カサンドラの人は、「自分の経験ごときで『トラウマ』と言えるのだろうか」というふうに考えることもあると思います。しかし、今後「トラウマ」の範囲はもっと広がる可能性があります。すでに、戦争や虐殺、拷問やレイプといった強烈な経験だけでなく、いじめやネットの誹謗中傷も対象となっていますし、今後は家庭内のモラハラなども含まれていくかもしれません。

さらに視野を広げると、精神疾患のとらえ方自体が、本人の弱さではなく、環境や社会によって引き起こされるもの、という考え方に移ってきているように思います。

つらい目に遭っても「自分でなんとか乗り越えなさい」と個人に丸投げされる時代から、社会全体の問題としてとらえられる時代へと、今後は変わっていくのではないでしょうか。結果、心的外傷を負った人たちを支える社会的システムも充実していくのでは、と(希望も込めて)予測しています。

Chapter 2

発達障害という ケースも 親子とも

発達障害の親から、発達障害の子供が生まれることは、定型の親から発達障害の子供が生まれてくるよりも頻度は高いです。能力や気質が親子で似てくることは、運動神経や学力などもそうであるように、発達障害の特性においても当然起こりうることです。

とはいえ、親のコピーのようにそっくりな子供が生まれることはあまりありません。

遺伝は、原則、次の代では「平均に近付く」という性質を持っています。これを平均回帰と呼びます。親は優秀でも子供はそれに及ばなかったり、親がさほど優秀でないと子供はそれより優秀になったり、というふうに、変化をつけながら平均に近付いていくのです。時々、鳶が鷹を産む、のようなイレギュラーも起こりますが、原則として平均に近づくようにできています。

ですから、親が重い発達障害でも子供は定型発達ということもありますし、軽い発達障

害があって「似ていつつも違う」組み合わせになる親子も多くなります。

親の発達障害の傾向によって、子供の発達障害のタイプが反対側の特徴を帯びていくのも、しばしば見られる傾向です。親がキレやすかったり、マイルールを押し付けたりする攻撃的なタイプなら、子供は受動的であるという塩梅です。これは、脳の設計図である遺伝子の問題だけではなく、家庭内では親のほうが絶対的に強い存在だから、子供が従わざるを得なくなることも影響しているでしょう（つまり血よりも育ちの問題）。

子供の発達障害が、親から受け継いだ先天的な特性なのか、親の行動によって後天的に発達障害的な言動となってしまうのか、判然としないケースもあります。

発達障害の親が、ネグレクトや教育虐待をしたり、子供の前で絶えず夫婦喧嘩をしていたりすると、子供の落ち着きがなくなって多動になったり、養育不十分なために言語化が苦手でコミュニケーションが不得手になったりします。これは後天的な要素なので、学校教育などによって改善することもありますが、やはり最初の影響は強く、発達的な問題が改善しても、気分の問題は残り、不安やうつになりやすい大人になることもあります。

親子が双方ともにASDの受動型で、互いに関心がない親子の組み合わせもあります。それなら互いに傷つかないで済むのでよいのでは、と思われるかもしれませんが、ここにも問題があります。一緒に住んでいても赤の他人のような関係で、しかも外部との接触もほとんどないので、家庭が陸の孤島と化す可能性が高いのです。

子供が引きこもったまま中年となり、親は認知症になって家がゴミ屋敷化したり、本当にひどい場合には、家で親が死んでいるのに子供が何日も気づかなかった、という事例もあります。

Chapter 2

「母子密着」で子供の社会化が遅れる

無関心とは対照的に、密着しすぎる親子もいます。

一番よくある組み合わせは母と娘の密着です。お父さんは「いないこと」にされて、母と娘がべったりとくっつき、恋人同士ないし双子のような密着状態になります。

こうした母子密着は、何らかの疾患なしに起こることはあり得ないように思います。そんなの個人の勝手じゃないか、と言われますが、そうではないというのが、臨床家目線の意見です。価値観の問題とせず、医学の問題と考えることが医師らしさでもあり、臨床的上必要なことです。

母と娘の両方、もしくはどちらかに、ＡＳＤか不安障害があるかもしれません。中学生になっても一緒にお風呂に入るなど、明らかに常軌を逸した習慣を持ちつつも、本人たちにとってはそれがごく普通で、そのような境界線のなさは何かしらの問題をはらんでいるものです。

このタイプの母娘は非常に仲良しに見えますが、母親が支配的な立場にあるかもしれません。**娘の交友関係を制限し、とくに恋愛では、自分の価値観を強く押しつけがちです。「彼氏を作るなんてはしたない」「男の人は汚い」といった極端な価値観を教え込むことも多く、娘もそれを信じたり、母に遠慮をしたりします。**

飲み会や合コンに誘われたときの断り文句は「遅くなるとお母さんが怒るから」。ましてや、デートなど「とんでもない」と逃げ出します。誰かにほのかな好意を抱いただけで罪悪感を持ったりもします。はしたない、と言われるのが嫌で、自分から行動できず、20代、30代と恋愛をできずにきてしまった人を僕も臨床で数多く見てきました。

かといって母親だけが全面的に悪いのか、というとそうでもなく、結局は娘も、わざわざ他人と一から交友関係を結ぶより、母親のほうが楽なのです。互いのことは何でもわかっているので細かいことに気を使わなくて済むし、母親は（実は支配しつつも）かいがいしく娘の世話を焼いてくれるからです。だから共謀関係でもあるのです。

そういうわけで双方満足している組み合わせですが、やはり、娘の社会化の遅れが年々問題になってきます。第1章でお話しした通り、今はただでさえ、家族が社会から切り離される「密室化」が進んでいるので、第三者の影響を受けるのが非常に困難です。母子密着の末に娘が10～20代で摂食障害などの疾患にかかって受診するというパターンもあります。

「さすがにおかしい」と思った娘が意を決して母親と戦い、自立をはかろうとすることもあります。

この戦いは双方にとって、かなり苦しいものに発展することもあります。母親がしつこく、ストーカーのようになったり、絶縁したり、裁判になることもあります。**しかし、その機会も逃せば、二人で年老いて孤立していく道筋に突入してしまうかもしれません。**

同様に、娘が支配的な立場になることもあります。暴れたり、引きこもったり、自殺を仄めかすことで母親を操作し、自分をスポイルに導くのです。死なれたら困る、非行に走られたら困る、と母親はついつい甘やかしてしまうのですが、この状況を打破するのも、痛みが伴います。二人でその痛みを避けてしまうので、問題が解決していきません。

もちろん、母と息子の密着もあります。俗に言うマザコンと呼ばれる状況かもしれませんし、ひきこもりの根底に母子密着があることも珍しくないです。

この章を読んで、「自分の親は発達障害（あるいはグレーゾーン）だったのかも」と思い当たる節のあった方もいると思います。

その親と今も同居が続いている、もしくはまだ行き来があって、そのつど不愉快な思いをしているならば、発達障害についてより詳しい知識を得ることをお勧めします。理解が深まれば、過去の理不尽な体験にはきちんと理由があったのだ、ということがわかります。加えて、良い対処法が見つかることもあります。

発達障害の現れ方は一人ひとり違うので、万人に有効な方法があるわけではありません。しかし今はネット時代なので、検索すればかなりの数の事例に出会えます。さまざまな例から少しずつ親との共通項を抽出し、アレンジを加えて実践してみると良いでしょう。

発達障害の人とうまく付き合う方法の一つに、「突然の変更を避ける」ことが挙げられます。

発達障害の人は全般的に、習慣を崩されることや、予定が狂うことを嫌がります。一緒に行動するときは、「最初にここに行って、次はここに寄って何々を買う、使うお金はこれくらい」というふうに予定を全部言ってから、その通りに行動するとかなりスムーズです。耳から入る情報が苦手な人も多いので、きっちり伝えたいことは紙に書いて渡すのも良い方法です。

もう一つは、過去の経験を洗い出したり、今の親の言動を観察したりしながら、本人の「こだわりポイント」は何かを考えることです。

時間を気にする親なら時間だけは守る、本人のこだわりがあるものは触らないようにするなど、ポイントだけ押さえれば、それ以外のことはある程度自由にふるまっても、さほど大きなトラブルにはなりません。

なお、必ずではありませんが、本人のこだわりが小さなきっかけで解除されることもあります。「世の中は、こんなルールなんだよ」「今は、考え方が変わったんだよ」など、家の外にある「さらに大きなルール」を示すと、意外にあっさり従うケースもあります。

その際に注意すべきは、親のやり方を頭から否定しないことです。「そんなのおかしい」「変だよ」「意味わからない」などと言っても、混乱して意固地になるだけです。否定ではなく、一般論をさりげなく語るのがコツです。「ダメでもともと」の感覚で、気軽に試してみてください。

Chapter 2

「親に起こったこと」を知る意味

次章からは、発達障害のほかにも多々ある親の精神疾患や、親子問題が発生しやすいポイントについて見ていきます。細かく分ければ20項目近くに上りますが、当てはまる項目は、きっといくつもあるでしょう。なぜなら精神疾患は、単独の理由で発症するものではないからです。

発症の原因は複数の遺伝子的要素とストレスの影響がありますが、そのストレスも、複数の要素が連関することで、疾患に至ります。

これを僕はよく、「不幸の連続」と表現します。

生まれ持った遺伝子、育った環境、経済力、親自身の家族との関係、トラウマの有無、就いた仕事など、大事な局面のすべてで不幸が重なることがまれにあります。

普通なら、そんなことは起こりません。たいていは、どれかがダメでもどれかがうまくいくもので、結果、少々の傷はカバーされます。サイコロを振って、6ばかりが6回連続で出る確率がごくごくわずかなのと同じです。

しかし、わずかではあっても、ゼロではありません。この1％以下の確率で、「不幸の目」が出続けた人が疾患になるのです。

そうした親の不幸は、皆さんが親から受けたダメージとも密接につながるでしょう。

しかしそれについてきちんと知ることが、皆さん自身の不幸（だと思っていること）の見え方を変えていくかもしれません。

親の人物像をひもときながら、今一度、記憶を客観的に整理してみましょう。

第3章

親はどんな人間で、どんな問題があるのかを知る

Chapter 3

「親の理解」を阻むフィルターに気づく

親が「自分にとって」どうだったのかではなく、客観的に第三者目線で親を一人の人間として理解する。これはかなり困難な作業です。あるがままの親を見ようと思っても、そこにはさまざまなフィルターがかかるからです。

たとえば、幼少期の刷り込み。親は生まれた瞬間からそばにいる「最初の大人」なので、幼いころは頼るしかなく、素晴らしい存在のように思い込まされます。何でもできて、何でも知っている完璧な人間だ、と思うわけです。この幻想は、成長して親の欠点に気づいた後でさえ、記憶に染みつき、払拭が難しいです。

また、親は子供にとって最初の壁でもあります。しつけや注意を受けることで、子供は「やりたいことを、何でもしていいわけではないのだ」と知ります。その中で、子供は親を社会や世間のメタファー、化身のようにとらえます。親は単なる個人であるにもかかわらず、子供の脳内では強大で抗しがたいものの象徴として存在するのです。

加えて、シンプルな「愛情が欲しい」という子としての本能があります。にもかかわらず求めるほどには与えられない、という苦しさを感じます。欲しいのに手に入らないので、熱狂的なファンのようになってしまい、そのポジションゆえに客観的な見方ができないのです。

さらには、大人になってからよく見られるのが、「親がひどい人だったから、私の人生はうまくいかないのだ」という思いです。自分の問題を解決できないときに、親を悪者にすることで問題の先送りをする、これもフィルターになります。自分の問題に向き合いたくないために、親を悪者にし、客観的に理解することを避けてしまうのです。

こうして、素晴らしい存在として崇めるにせよ、強大な敵として憎むにせよ、子供が考える親の姿は実像よりも大きくなります。

これらのフィルターを外すヒントとして知っていただきたいのが、「物理的現実」と「社会的現実」という概念です。

「お寿司」と聞くと、皆さんは「高い」とか「おいしそう」と思いますね。つまり「意味づけ」をしている状態です。これを社会的現実といいます。

この「意味」の部分を取り外した裸の状態が、物理的現実です。

お寿司は、魚と米です。さらに言えば、糖質と脂質の塊です。銀座の高級寿司もスーパーのパック寿司も物理的現実の前では、ほとんど同じものです。

親に関しても、同じように考えてみましょう。

親は厄介な存在だとか、怖いとか、越えられない壁だとか、そうした意味づけを取り払って、できるだけ物理的現実に近づけて、ただ「どんな人か」を考えてみましょう。

第3章では、そのヒントとなるさまざまな切り口を紹介していきます。

Chapter 3

親はどんな人？①
生い立ちと背景を知る

僕は、患者さんに「親はどんな人か」を考えてもらうとき、親の生い立ちから聞くようにしています。親の客観的事実を整理していくのが、親理解の第一歩。

皆さんも同じように、親がどんなふうに育った人なのかを整理してみましょう。

まず、親の誕生と家族構成について。

何年生まれで、何歳の親から、何人きょうだいの何番目に生まれたか、といった情報を聞きます。僕の診察室では、ホワイトボードに家系図を書いて整理します。

さらに、親にまつわる以下のような項目を確認します。

・親（患者さんにとっての祖父母）の職業
・親（患者さんにとっての祖父母）との関係、きょうだいとの関係
・親（患者さんにとっての祖父母）の夫婦仲、家庭の雰囲気
・家は裕福だったか、貧乏だったか
・どんな町で育ったか（出身県や地域性など）
・どんなことが流行っていて、どんな文化だったのか？　その世代の常識とは？
・両親（患者さんにとっての両親）の出会いと、結婚年齢・出産年齢

・親（患者さんにとっての親）の職業、属する業界、持っているスキルや専門性

このように、聞くことは多岐にわたりますが、序章でも話した通り「知らない」という答えが返ってくることが頻繁にあります。親に悩む人に限って、親の背景がよくわかっていないことが多いです。そんなに親のことで悩んでいるのに、どうしてこんな当たり前のことさえ知らないんだろう？　知りたいと思ったことがないんだろうか？　とても不思議に思うかもしれませんが、臨床では珍しいことではありません。

理由はさまざまです。親子関係が希薄で会話が少なかったから、という人もいましたし、会話は多いけれどもその話題はなぜか避けられていた、という人もいました。

子供の側が、親から聞いたはずなのに覚えていないこともあります。親に対して過剰な崇拝意識や憎しみを持っていると、親の実像が垣間見えるような話を、無意識のうちにスルーしてしまうせいです。

診察では、それらの知識の「抜け」を、時間をかけて埋めていきます。

皆さんも「そういえば、知らない」「なんとなく知りたくなくて、避けていた」ということがあれば、できることなら、親本人、もしくはきょうだいや祖父母や親戚に聞くなど

の方法で、向き合ってみてください。

Chapter 3

親はどんな人？②
環境の影響、疾患の可能性

親の歴史を知ると、「実はこうだったのかもしれない」という新しい視点が得られます。

生まれたのが戦後まもなくの時代なら、祖父母（親にとっての親）が子供の世話に手が回らず、親は寂しい幼年期を送っていたのかもしれません。

大学生のころは学生運動の最中で怒涛の時代だったかもしれませんし、高度経済成長期に社会人になったなら、20代・30代は仕事に忙殺されていたかもしれません。**親がどんな気持ちで若い日々を過ごしたのか、想像を巡らしてみましょう。**柔軟性がなく、自己中心的で、他罰的だったからこそ、彼らは不幸や困難、貧困も耐えられたのかもしれません。

悪徳も、生きるためには必要だったかもしれないことは、前述の通りです。

また、育った家の経済力、町の文化や、属している業界の雰囲気も、親の人格形成に深

く関わります。

これらの背景を患者さんから聞き出しながら、僕は同時に、親の知的レベルや疾患の有無について考えていきます。背景と、患者さんが語る親のエピソードとを重ね合わせて、「もしかすると発達障害があるのかもしれない」「いや、境界知能かもしれない」「うつ病の傾向があるかもしれない」などの可能性を探ります。

ただし、その可能性を僕のほうから患者さんに伝えることは難しく、なかなか言えません。倫理的な問題もありますし、不確かなことを相手に伝えるのは失礼だし、余計な混乱を与えるかもしれないからです。

それでも対話が進み、患者さんも知識をつけていくなかで、たいてい患者さんのほうから「先生、もしかすると、うちの親って……」というふうに聞いてきます。僕は否定も肯定もしませんが、そういう可能性はあるかもね、と伝えます。

それは、患者さんのものの見方に客観性が備わってきた印です。そこまでくると、患者さんの方も医師に答えられるラインがあることをわかってくるので、それ以上の答えを求めることはありません。

通常、子供は親の知的レベルを見定めることはしません。反発心から「バカな親！」などと毒づくことはあっても、「彼（彼女）の知的レベルは、大体これくらい」「今の時代の偏差値で測ったら、私のほうが少し高めかな」といった発想で見ることはないでしょう。

そこをあえて、ひいき目も憎しみも抜きに、冷静に評価してみるのです。読者の方々にもぜひ試していただきたいことです。

得意なこと、不得意なことに目を留めるのも良い方法です。その差があまりに激しければ「これは発達障害かも」といった気づきも得られます。

Chapter 3

発達障害とさまざまな二次的疾患

ここからは、親子問題とつながりの深い疾患についてお話しします。

疾患にはさまざまなものがありますが、第2章で詳述した「発達障害」を基点にすると、ほぼすべて見渡せるので、わかりやすいのではないかと思います。

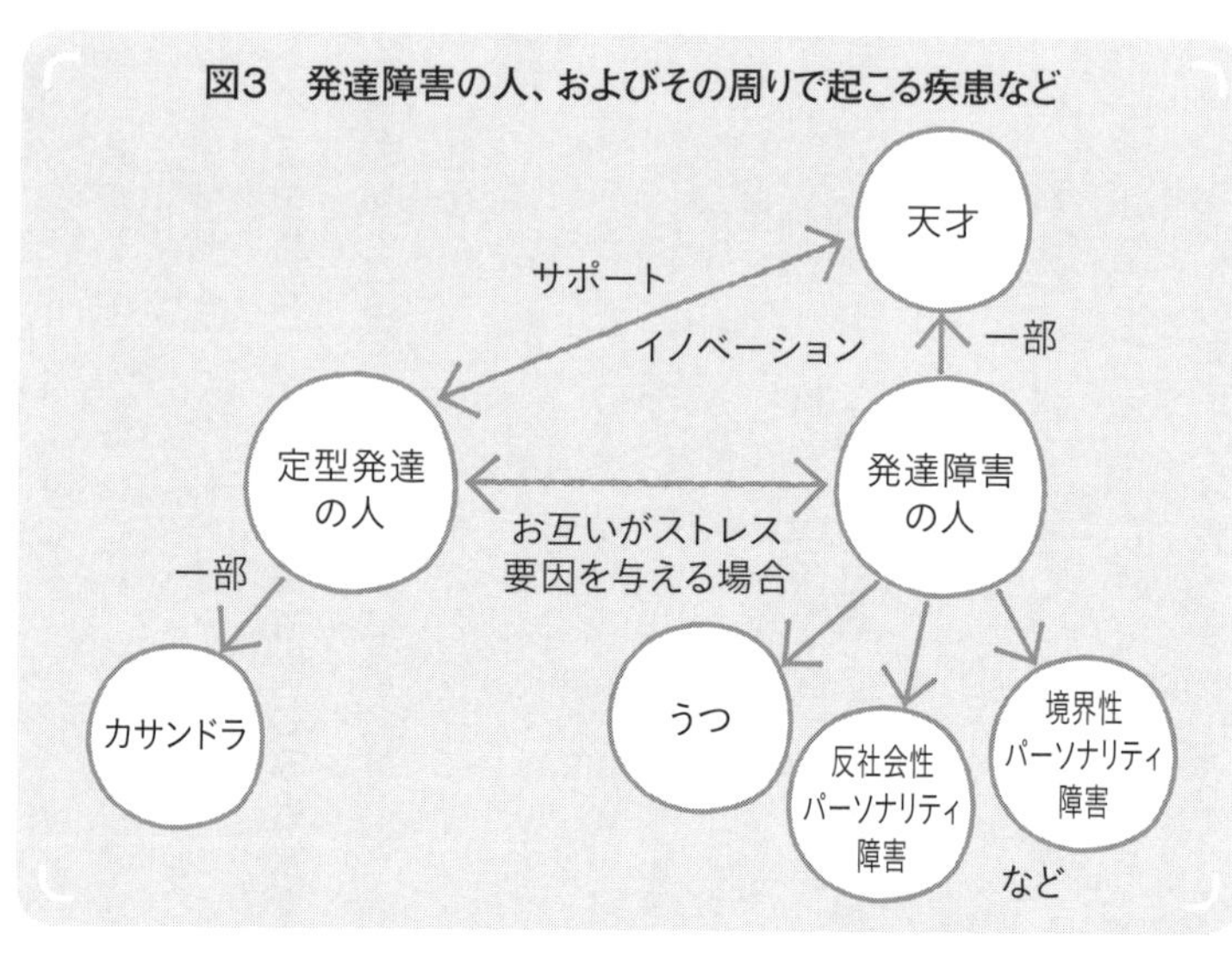

図3を見てみましょう。定型発達の人と、発達障害の人がいますね。

この両者が関わるとき、発達障害の人が原因で定型発達の人が心を病んでしまう、これがカサンドラ症候群です。

逆に、定型発達の人が発達障害の人にもたらすダメージもあります。

学校でのいじめは典型例です。社会人になってからも、定型発達の上司や同僚が発達障害の特性を理解できずに、「なぜこんなこともできないんだ」「責任感がない」「足をひっぱられて迷惑だ」などと責め立てるのはよくある構図です。

そうした経験が積み重なり、社会不適応

を起こし、二次的な障害としての疾患が発生します。どんな疾患にかかるかは、人によってさまざまです。しかも連鎖・合併します。それを見ていくと、精神疾患のほぼすべてが網羅されることになります。

うつ病や不安障害、双極性障害、強迫性障害。

境界性・反社会性・回避性などのパーソナリティ障害。

買い物、薬物、ギャンブルなどの依存症。

それからＰＴＳＤ。レイプなどの被害に遭って発症することもあれば、親からの虐待や、学校などでの継続的ないじめによって複雑性ＰＴＳＤになることもあります。

さらには自傷、摂食障害なども起こりえます。

一方で、ごく希少な例外もいます。「天才」と呼ばれる人たちです。僕の印象ですが、天才は、定型の人たちからよりも、発達障害的な人から多く出ているようです。

自分自身の世界に没入し、こだわり抜き、通常考えられないくらいの集中力で何かに打ち込む。その特性が良い形で出ると、その人は世間で天才と呼ばれたり、リーダーとして世を牽引していく存在になります。そのときは、定型発達の人がサポート側に回ります。

人類の一割弱を占める発達障害の人の中から、さらにそのうちの何%かの人が、天才として出現し、人類の発展や進化を促すのです。その意味で、発達障害の遺伝子は人類に必要なものでもあると言えるのかもしれません。

逆に、発達障害は炭鉱のカナリアでもあります。つまり、社会的な問題が起きたとき、少数派から脱落していく、うつになってしまうということもあるのです。

だからこそ、問題点に気づいてから、すぐに対応しなくてはならないのですが、精神疾患から社会的問題を提言する体制はまだ出来上がっていません。臨床家として、それはとても歯痒く思っています。

Chapter 3

境界知能

——知性が不足している親だった？

各疾患について詳しく説明する前に、境界知能についてお話ししておきます。

発達障害との違いは、発達障害の人が部分的にしか知的能力に問題がないのに対し、境

界知能の人たちは全体的に「やや低い」という点が違います。

シビアな現実ですが、人間の能力や知性は、平等ではありません。身長の高い・低いがあったり、運動のできる人・苦手な人がいたりするように、知性にもばらつきがあります。何かが不得意なら何かが得意で、結局はみんな平等になる、ということもありません。僕らは平等ではない現実を生きています。

さまざまな出来不出来を考慮しても、やはり知性に優劣の差はあります。

一つの指標として有名なものは、IQです。IQの測り方をごく簡単に言うと、「精神年齢/生活年齢×100（目安）」です。生きてきた年数よりも精神年齢が高いとIQが高く、年の割に精神年齢が低ければIQが低いと判定されます。たとえば、20歳の人の精神年齢が14歳なら、IQ70となります。ここでいう精神年齢とは、知的能力のことを指し、たとえば3歳ならば三角を描けるようになる、というようにその年齢ごとの平均的な知的能力に到達しているか否かで、精神年齢を測ります。

IQを正規分布になるように整理すると、2.2%の人がIQ70未満に相当します。この領域の人たちを、「精神発達遅滞」といいます。

そして、精神発達遅滞ではないものの、それに近いIQ70〜85の人たちを「境界知能」

と呼ぶのです。ここには、7人に1人が該当します。

これらはつまり、相対的な劣性であり、病気や障害というものでは本来ないのかもしれませんが、しかし社会生活を送る上で困難なことも多く、福祉の対象になることも多いことから、障害として区別されているという現実があります。

境界知能の人は、外見では見分けはつきません。話をしていても、「この人、もしかすると……」とは、プロでもなかなか気づけません。学校の勉強も、頑張ればそれなりに成績がとれたりもします。しかし本人は、火事場の馬鹿力を多用し、ついていくのに大変な思いをしています。

社会に出てからも、頭脳労働が苦手なので何をするにも人より時間がかかったり、要領が悪かったりと、後れを取りがちです。変化が苦手で、すぐに不安になる傾向もあります。いったんは就職したけれど周囲に怒られてばかりですぐやめてしまった、うつや引きこもりになってしまった、などの苦労が多くなります。

さて、こうした人が親になったとき、何が起こりやすいでしょうか。

まず、ネグレクト系の虐待が多くなる危険があります。車の中に子供が放置されて熱中症で死んでしまった、というニュースが時折世間を騒がせますが、あの類の事件を起こすお母さんは、知的に問題があったがゆえに、先のことが予測できず、問題を起こしてしまったのかもしれません。車内がどれほどの高温になるかがわからなかったのかもしれません。そもそも、熱中症という概念を理解できていなかったのかもしれません。

そこまで甚だしい例でなくとも、家事育児ですぐにいっぱいいっぱいになり、子供に当たってしまうことがあり得ます。自分だけではこなせなくて、子供に家のことをさせることもあるでしょう。二次的にうつになって起き上がることさえできなくなれば、子供が家のことを一手に引き受けざるを得ず、「ヤングケアラー」の問題も発生します。

これを聞いて思い当たるところのある方も、親に知能テストを受けてもらうことは今さら困難かもしれません。しかし、可能性の一つとして留意しておくことも、親を客観的に理解するのに重要です。

Chapter 3

うつ病①

うつ状態とうつ病の違い、うつの症状を知る

「うつ」は身近な病気ですが、よく誤解されるのが、「うつ病」と「うつ状態」の混同です。うつ状態とは、気分が落ち込む、頭がぼんやりする、集中力が出ない、食欲不振、不眠、不安になったり、死にたいと思ったりする状態のことを言います。うつ状態になるのは、生涯で人口の10％くらいという統計があります。

このうち、ストレスが原因で陥るうつ状態を、「適応障害」といいます。

ではうつ病とは何かというと、脳の病気が原因で、周期的にうつ状態を繰り返すことです。こちらは1～5％くらいと考えられています。

うつ病は、遺伝子の問題とストレスの二つの要素で発症します。ストレスの割合が大きければ誰でも発症の可能性があり、遺伝子の割合が大きければ、さほど負荷がかかってい

なくても発症します（ただうつ病と適応障害の違いは、実際にはここで語られているような単純な分け方ができるものではありません。脳科学的にもわかっていないことが多く、モデルとしてこのように分けている、というのが実際のところです）。

うつ病は、サイクルのある病気なので、治療も「初期→急性期→回復期→再発予防期」と四つの流れに分けて行われます。この流れをまとめて「うつ病相」といいます。薬物治療によって、病相を短くし、落ち込みも大幅に軽減されることが期待できます。

初期は落ち込みが起こりつつも、少し波がある状態です。疲労が限界に達しているのに働く、といった「過剰適応」を示したり、心に余裕がなくなってイライラしたり怒りっぽくなる（逆に元気なように見えてしまう）のも初期症状としてよく見られる症状です。

急性期に入ると「別人になったよう」と言われるほど、何もできなくなります。行動できない、眠れない、頭も回らず本も読めない、といった調子です。

回復期になると落ち込みも浅くなり、今度は睡眠時間が急増します。1日15時間くらい寝て、ごはんのときだけ起きる、といった感じの人もいます。眠ることによって脳が回復を図る期間なのだと考えられています。

回復期の間も波の上下はありますが、それも安定してきたら再発予防期となります。

Chapter 3

うつ病②

親のうつ病で子供に起きること

「あのとき、親はうつだったのでは」と思っている方に、もう一つ目安として知ってもらいたいのが、うつ病に特有の「三大妄想」です。

①心気妄想：自分は重い病気で、家族はそれを自分に隠しているのかも、という妄想です。不安を抱いてあちこちの病院に行ったり、心配ないと言われても医師の言葉を疑ったりします。

②罪業妄想：自分は悪い人間だという妄想です。過去に行った、たわいもない悪行を思い出しては激しく後悔して泣いたりします。

③貧困妄想：実際にはお金はあるのに、「お金がない、ない」という不安に駆られる妄想です。

親がこうした妄想を抱いて騒いだり、死にたいと言ったり、こんこんと眠ったり、という症状を呈したとき、子供の内面は混乱をきわめます。わけのわからないことが突然起こった、という感じです。

多くの場合、周りの大人が病院に連れて行って入院や通院をさせることになりますが、子供はしばしば、その状況を理解できません。

「お母さんは心の病気になったんだよ」とお父さんが説明してくれても、「自分が悪いのだろうか」「自分が言うことを聞かなかったからお母さんが疲れてしまったのだろうか」というふうに、自分と結び付けて解釈してしまい、傷ついてしまいます。

「お母さんは病気だから、困らせないように」といった周囲の何気ない一言で、その罪悪感に拍車をかけてしまうこともあります。病人本人が、「あんたがうるさいから治らないのよ」といった言葉を投げつけてしまうこともあるでしょう。

自己中心的な解釈の仕方は、子供の脳が未発達だから、起こりうることでもあります。認知や発達の特性を踏まえて、説明してあげることが重要です。

また、貧困のリスクも高まります。

大黒柱がうつ病になって主な収入源がなくなる、といった直接的原因のほか、間接的・長期的な因果関係で貧困に至ることもあります。

母親が家事をできなくなって子供がヤングケアラーとなり、学校にも通えなくて勉強が遅れ、結果、大学に進めず、大人になってからも良い職に就けずに貧困になるケースです。

このように二代、三代にわたって問題が引き継がれる家庭も多いと思われます。

Chapter 3

「不安障害」には三つのタイプがある

不安障害は、その名の通り、普通の人よりも極端に神経過敏で不安になりやすく、結果として社会不適合を起こしやすくなる病気です。

不安障害は、感情の制御をつかさどる、脳の中の「扁桃体系」のバランスが崩れることで起こります。

不安障害にはいくつかの種類がありますが、主なものは三つです。

①パニック障害

突然の激しい動悸、呼吸困難、冷や汗、手足のしびれなどの「パニック発作」が起こり、死んでしまうのでは、と思うほどの恐怖を覚えます。この発作がまた起きるのでは、という不安が日中に起きたり（これを予期不安と呼びます）、その不安のせいで電車に乗れなくなり、社会生活に支障をきたしてしまいます（これを広場恐怖と呼びます）。

②社交不安障害

人と接することに不安を覚えます。人前に立つと赤面したり、心臓がドキドキしてしまうので、その機会を極力避けます。人目を極端に気にし、相手がどう思っているのか気になって、不安になってしまいます。不安を避けるために、対人接触を回避し、回避するので対人理解や対人交流のノウハウを学べず、成長や認知の修正ができないために、さらに避けるという悪循環になります。

③全般性不安障害

特定の場所で発作が起こるわけでもなく、不安の対象が明確にあるわけでもなく、全般的な不安がずっと続く状態です。

不安を感じやすく神経過敏というと、近年話題の「ＨＳＰ」を連想される方もいるでしょう。しかしＨＳＰは、精神医学上の概念ではありません。「私はＨＳＰでしょうか？」と言って受診される方には、不安障害という診断が当てはまるかもしれません。

不安が高じてうつ病を併発する、不安に耐えかねてアルコール依存になる危険もあります。また、後述する「人格障害」も併発しやすいかもしれません。

そんな病気に親がかかればどうなるかというと、バイタリティやエネルギーがなくなるため、子供が放置されます。

不安障害は外に出られないだけでなく、家事や子育てをする気力も失われます。朝も起きられないし食事も作れない、洗濯もできない、といった調子です。

家族で旅行に行くのも苦手ですし、親が人目を避けるので近所に買い物に行くことも難しくなります。子供のストレスは当然高まりますし、ここでもやはり、ヤングケアラーからの機会損失、将来の貧困といった問題も起こり得ます。

Chapter 3

統合失調症①
幻覚と妄想にとりつかれる病気

統合失調症は、精神科の病気のなかではもっともメジャーなもので、人口の1%くらいが発症します。

原因は主に、脳内の神経回路「ドーパミン系」の異常とされてきましたが、近年「NMDA受容体」「GABA受容体」の異常も一因ではないかと考えられています。また、母親が妊娠中に感染症にかかると子供の統合失調症発症率が高いことも知られており、炎症メカニズムの観点からも研究が進められています。

発症のタイミングは10〜20代ごろが多くなります。思春期の終盤には、脳が大きくなっていくのと並行して使わない脳回路を減らしていく「プルーニング」という作業が起こるのですが、そのプロセスに何がしかの異常が起こることも原因かもしれない、という仮説もあります。

このように、原因についてはまだまだわかっていないことも多いのですが、症状は幻覚妄想という激しいものであり、古今東西、さまざまな臨床家によって記録及び治療が続けられてきました。

幻覚の中では、幻聴が圧倒的に多く、この幻聴の有無が診断の大きなキーとなります。

私は神だとか、何かの生まれ変わりだとか言い出す誇大妄想もそうですが、それより多いのは「人が自分を見て笑っている」「誰かに追いかけられている」「殺す、という声が聞こえる」などの被害妄想です。その恐怖感から暴れたり、苦痛から逃れようと自傷行為に走ったりします。

発達障害から統合失調症を併発するのもよくあるケースです。発達障害的な個性やこだわりの一つかと思っていたら、実は妄想症状の前触れだったということもあります。

症状がどういう経過をたどるかというと、

①なんとなく脳の違和感や不安を感じる「前駆期」

②陽性症状（幻覚・妄想・混乱）が一気に出てくる「急性期」

③陰性症状（一人で閉じこもる・不安や抑うつを感じる）が出る「消耗期」
④症状全体が落ち着く「維持期」

となります。

Chapter 3

統合失調症②

子供は混乱と恐怖を味わう

統合失調症の場合、治療の中心は薬物療法です。脳機能の異常で起こる病気ですから、まずは薬で症状を抑えるほうが治療効果が高いのです。幻覚妄想があり、カウンセリングなどの対話的な治療はとても難しく、一般的ではありません。どちらかというと、かえって混乱を増やすことになりかねないので、対話はあくまで補助として、信頼関係をつくるために行います。自傷他害の恐れがあるときには入院を勧めたり、場合によっては家族の同意による医療保護入院を勧めます。

薬物治療においては、「抗精神病薬」という、ドーパミンをブロックする薬を使います。

副作用としては、パーキンソン病の症状（歩行が小刻みになる、顔つきが仮面のように無表情になる等）が出たり、足がムズムズする「アカシジア」という症状などが起こります。
また、抗精神病薬の中には糖尿病リスクを上げる副作用を持つものもあり、その場合には食事にも注意が必要になってきます。

統合失調症は、早めに治療に着手することが大切です。加えて、福祉のサポートも必要な病気です。本人のそばにいる家族が、国や自治体等にどのような支援システムがあるかを学ぶか否かはその後を左右する重要な分かれ目です。障害者手帳の取得、また障害年金や、場合によっては生活保護などを利用することで、貧困を防ぐこともできます。

さて、親が統合失調症であっても、子供にはそれが病気によるものだと理解することが難しいようです。どうして自分の母親（父親）はおかしなことを言うんだろう？　何か変なものが聞こえているんだろう？　と困惑しつつも、それについて触れることができず、ただ不安なまま過ごすことが多いです。
周囲の大人が本人を病院に連れて行き、子供も親の病名を知ることになったとしても、あまりよくわからずに過ごすことが多いようです。子供が高校生や大学生になっていたとしても、やはりまだまだ大人のようには理解できず、不安な状態で過ごすようです。

親からきちんと説明を受けていないこともあります。

よくわからないまま、大人になり、なんとなく理解を進めていくパターンも多いようです。理屈では割り切れない、複雑な感情や思いが生まれ、子供たちのその後の人生に影響を与えているようです。

Chapter 3

双極性障害（躁うつ病）①
群を抜く自殺率の高さ

双極性障害は、「躁うつ病」とも呼ばれる通り、元気が良すぎる躁状態と、うつ状態が交互に訪れる病気です。だいたい人口の1％ぐらいが発症すると言われています。

躁状態のときは、本人はエネルギーと多幸感でいっぱい。しゃべり続けたり、歌を歌い続けたり、ときどき怒り出したりと、ハイテンションな状態が何日も続きます。躁状態が

1週間以上続くのを「双極性障害Ⅰ型」、4日以上1週間未満なら「双極性障害Ⅱ型」と呼ばれます。

少なくとも4日以上ずっとハイな状態が続いたかと思うと、その後、うつ状態になって元気がなくなり、起き上がれなくなったまま何週間も過ごす。その時期が過ぎればまたハイテンションになる、という繰り返しです。

双極性障害は10代から20代で発症することが多いことがわかっていますが、35%以上が、10年以上経つまで診断されない、つまり発見されないままの時期が長いのも特徴です。診る側も、うつ病かと思っていたら、途中で躁状態になってはじめてわかる、といったこともしばしばです。通院が途絶えてもわからなくなるし、躁状態が軽く、「明るい性格?」程度の変化で、わかりにくい場合もあります。なので、一人の医師に、ある程度長期間(少なくとも1~2年)診てもらわないとわからない病気とも言えます。

双極性障害の一番怖いところは、自殺率の高さです。10%以上は自殺を図っているとも言われます。あらゆる精神疾患の中で、「死亡率」は群を抜いていると言えます。2年以内に50~60%以上が再発するというデータもあり、薬を使わなければ、再発率は90%に上ります。

うつ病や統合失調症と同じく、双極性障害も脳機能の異常による病気なので、薬物メインの治療となります。抗精神病薬や気分安定薬を使いますが、抗精神病薬には、やはり糖尿病やアカシジア、そして吐き気などの副作用が出ることもあります。

Chapter 3

双極性障害②

薬を止めると悲惨な結果に

双極性障害は、遺伝性があることも特徴です。

僕が関わってきた双極性障害の患者さんでも、親や親族の中に双極性障害の人がいた、という例がよくあります。中には、「親がうつで寝込んでいる期間、自分がヤングケアラーだった」などの生い立ちを語る人もしばしばいました。

遺伝性があることはわかっているのですが、原因遺伝子はまだ特定できていません。次の世代でも必ず発症するというものではなく、複数の原因遺伝子があり、それが発症に関連する場合と、そうでない場合があるようなのです。とても多くの遺伝子が関与していますので、双極性障害の原因遺伝子かと思われたものが、統合失調症や発達障害の遺伝子の可能性もあって結局判然としない、といった感じで、究明しきれていないのが現状です。原因の特定が進んでいないことが、治療薬や治療法の進歩を阻んでいる面もあります。

ともあれ、親から病気を引き継いだか否かにかかわらず、子供たちの苦労は甚大です。前述のように、親がうつ状態のときはヤングケアラーの大変さが降りかかります。そして、躁状態のときはさらに神経をすり減らすことになります。

怒りっぽくなるので、暴力をふるわれる可能性が高くなります。また、気が大きくなるため、外で何をするかわからないところがあります。街でナンパをして知らない人と性的交渉を持ったり、大金をはたいてしまったり。

大金と言えば、本人が勝手に服薬をやめた結果、躁状態になっているときに勝手にマンションを買い、子供の大学の学費がなくなったという例がありました。

薬をきちんと飲み続けていれば、そうした事態は大幅に軽減します。通院を続けていれば、怪しくなったときにすぐに対応できます。ですから、本人以外も、周りの大人がどれだけしっかりできるかが鍵とも言えます。

本人に服薬させることや、自殺しないよう注意することをはじめ、多くの買い物は一定期間中なら「クーリングオフ」で取り消せる、などの知識も重要です。そうした大人がいるかいないかで、子供の受ける被害の度合いも変わってくるでしょう。

Chapter 3

強迫性障害①
何度も手を洗う、施錠を確認する

強迫性障害は人口の1～2％が発症すると言われ、男性より女性に多く見られます。

この病気は「強迫観念」と「強迫行為」の二つから成り立っています。

強迫観念は、考えたくないのに、考えずにいられない思考のことです。強迫行為とは、止めたいと思ってもやめられない行為のことを言います。清潔にしたい、という強迫観念のある人が何度も手洗いをしたり、安全への強迫観念が強い人が、火の元をしつこく確認したりするのがよくある症状です。鍵をかけたかどうかが気になって何度も家に戻るのも、典型的な症状です。それも「必ず5回確認しないと気持ちが悪い」など、規則性を伴いがちです。

対称性へのこだわりという特徴もあります。テレビのリモコンとビデオのリモコンが対称形に置かれていないと気が済まず、ほかの人が少しでもずらしたら遠くから直しにくるとか、清潔性を気にして使い捨てのパンツが欠かせない人が、対称でないといけないので2セットずつ買わずにいられない、など。

「こだわり」と聞くと、発達障害の特性を思い浮かべるかもしれません。たしかに発達障害と強迫性障害の人の行動パターンはよく似ているのですが、違う点もあります。それは、脳機能の異常の有無です。

強迫性障害も、統合失調症や双極性障害と同じく、脳機能の異変によって起こることがわかってきました。「CSTC回路」という報酬系に関する部分の過活動や異常活動が原因だということがわかっています。従って、薬物治療が重要であることも統合失調症や双極性障害と同じです。ただし、強迫性障害の場合はカウンセリング的な治療も重要です。

たとえば、「どういう病気なのか」をしっかりわかってもらうこと。

「○○しないと不安→○○すると不安が収まる」の繰り返しでどんどんその行為にはまってしまうのですよ、と構造を説明すると、患者さんも「不安だけど、ちょっと我慢してみよう」という発想を持つことができます。

また、「暴露療法」も効果的です。不潔恐怖がある人に、「駅の手すりにちょっとだけ触ってみよう」、それができたら「ベンチに座ってみよう」というふうに、少しずつ慣らしていくことで症状が軽減する人もいます。

Chapter 3

強迫性障害②
同じ行動を家族にも強要してしまう

親がこの疾患にかかった場合、子供がその強迫行為に巻き込まれることが多くなります。

強迫性障害は、悪化すると人にも自分と同じ行動を強要するようになります。

清潔へのこだわりを押し付けて、家族が通ったあとを消毒して歩いたり、子供にも何度

も手を洗わせたり、友達を家に呼ぶことを禁じたり。本人の強迫性を妨げるようなことをするとイライラしたり、激しく怒ったりもします。

子供は、このような無数の規則に縛られて、強いストレスを感じます。しかもこれらの規則が、「強迫的」であることがさらに心身の負荷を増大させます。

ここまで「脳機能の異常で起こる病気」として統合失調症と双極性障害を挙げましたが、強迫性障害も不可解な病気です。

統合失調症の誇大妄想や被害妄想は、「そう思うこともあるよね、わかる」とは到底言えない内容です。双極性障害の人が、うつ状態のときと躁状態のときで別人のようになってしまうのも、不可解極まりない現象です。

強迫性障害も、「なんで必ず四つずつ買うの?」「なんで血が出るほど手を洗わなきゃいけないの?」といった不可解な親の行動を味わわなくてはなりません。

親がそんなふうに不可解な恐怖や不安に支配されていることで、子供は混乱します。やや大げさな表現になりますが、人間というものへの信頼が持てない感覚になります。

「人間とはこういうもの」「こんなときは、こういうふうに感じるもの」といった「普通」

が通じない環境で何年も過ごすことは、子供が成長したのちの対人関係にも、少なからず影響を及ぼします。

Chapter 3

さまざまなパーソナリティ障害

「○○性パーソナリティ障害」という疾患名を聞いたことがあるでしょう。

この「○○性」には、多くの種類があります。自分しか愛せない自己愛性パーソナリティ障害、芝居がかった行為や虚言などを繰り返す演技性パーソナリティ障害、妄想を伴う妄想性パーソナリティ障害などです。

これらのパーソナリティ障害は、ここまでに紹介してきた疾患とは、趣が異なります。脳の病変による常軌を逸した妄想や人格豹変と違って、パーソナリティ障害の人の思考や言動は、「わからなくはない」領域にあります。人に嫌われたくないとか、人を損させてでも自分が得をしたい、といった思いは誰にでもありますね。しかしそうした思いがあまりに極端なために、「障害」と呼ばれているのです。

ここでは、症例が多く、親子関係にも影響を及ぼしやすい四つのパーソナリティ障害について説明しましょう。

①境界性パーソナリティ障害

対人関係が不安定で、衝動的な行動が多くなります。

人に見捨てられないよう、なりふり構わない行動をとりがちです。自分を卑下し相手を理想化することもあれば、相手をこき下ろすこともあり、自分のアイデンティティのとらえ方も流動的です。感情の起伏が激しく、怒りの衝動に襲われたら制御できない傾向があります。過食、自傷、自殺すると脅す、過剰な浪費をする、車を暴走させる、などの破滅的な行動にも走りがちです。

「境界性」という名前がついているのは、統合失調症のような了解不能な領域と、「わからなくはない」神経症的な領域の境界にあるという意味です。

ただ、大人としてみれば「わからなくはない」ところもあるとはいえ、こういう親がいれば子供は大変です。**当たり散らしたかと思うと、「捨てないで」と同情を乞い、すがり**

ついたりするので、子供は非常に振り回されます。子供は自分に対して罪悪感を抱いたり、相手を憎んだり、子供の心も平穏ではいられないのです。

②自己愛性パーソナリティ障害

自分だけが好きで、人への共感性に著しく欠けているのがこの疾患の特徴です。

自分をより大きく素敵に見せたいという思いが強く、態度は尊大な感じの人が多くなります。ブランド志向が強めで、ほめられること、賛美されることに貪欲です。

自分だけ特別扱いしてほしい、という思いが強く、そのために人のぶんを横取りするのも平気です。他人を貶めることに対して、躊躇がないのも特徴です。

それゆえに、親子関係でも、子供よりも自分のほうが大切ということになります。グリム童話「白雪姫」のお母さんは、自己愛性パーソナリティ障害だと僕は思います。娘が自分より美しいなんて許せない、といった嫉妬も、このタイプの母親がよく持つ感情です。

③反社会性パーソナリティ障害

法に反することへの抵抗が薄く、逮捕の原因になるようなことを繰り返すタイプです。

衝動的で暴力的、良心が欠如していて、息を吐くように嘘をついたりします。人への共感性は薄いのに、相手の心理を読み、人を利用するのは上手です。

人の権利や安全を平気で侵害しますが、自分の安全に関しても比較的無頓着な点が、自己愛性パーソナリティ障害との違いと言えます。

父親がこのタイプである場合、子供は服従的になります。暴力をふるわれる恐れがいつもありますし、「いつ警察のお世話になるか」という心配からも逃れられません。**親のように生きるか、逆の生き方をするかで葛藤することもあります。**親は社会的成功を（よろしくない方法で）収めていることもあるので、子供がそちらを踏襲し、二代、三代と引き継がれていくこともあります。

④回避性パーソナリティ障害

自分は人に嫌われるに違いない、自分はみっともない、という思い込みや恐怖から、人と関わることを避けます。ひきこもりに至ることも多々あります。

社交不安障害（119ページ）との共通点が多く、どちらだと診断するかは医師によっても違いますが、社交不安障害の場合は、人前に出ると赤面症や声が出なくなる、といった身体的な反応で止まり、パーソナリティ障害となると、生活や人生すべてが不安に支配されている、という程度の違いがあります。

回避性パーソナリティ障害は、「自分は恥をかくに違いない」という決めつけがあり、「恥をかくくらいなら死ぬ」といった極端な発言が出がちです。

この状態の親は、子供つながりの人間関係（担任、子供の友人、その親など）も作れないため、連鎖的に子供の社会も狭くなりがちです。

なお、回避性パーソナリティ障害の人は自分のきょうだいや友人などの近しい関係の人でさえ避ける傾向がありますが、子供とだけは共依存的に密着していることもあります。

その意味では「親子ひきこもり」になっていく危険もあります。

Chapter 3

さまざまな依存症
——二面性に翻弄される

人格障害は、遺伝子的な先天的要素と、環境による学習という後天的要素の双方によって成り立つ疾患です。

それに対して依存症は、後天的な原因が強い病気です。遺伝子的に依存しやすい性格もありますが、量が多ければ（脳の報酬系が刺激され続ければ）、誰でもかかる可能性があります。お酒を飲み続ければ、誰でもアルコール依存症になります。ギャンブルをする機会が何度もあれば、ギャンブル依存症になります。

つまり、環境によって左右されることが多いのです。薬物と出会ってしまうような環境に身を置いていれば、薬物依存のリスクは高まります。そして依存症になってしまえば、本人の意志力とは関係なく、どこまでもそこへつぎ込んでしまいます。

親が何かの依存症になることで家族が困ることと言えば、第一には経済的なダメージです。依存の対象物を手に入れるためにどこまでもお金を使ってしまうので生活が苦しくなります。子供の学費を使いこんだり、借金で首が回らなくなったり、家を勝手に担保に入れていて住まいから追い出されてしまう、といった例もあります。

本人が社会的信用を失うことで家族が崩壊する危険もあります。たとえば、性依存症で、痴漢や盗撮がやめられない状態になって逮捕されるなど。

もう一つ、精神的なダメージとして、依存症に陥った親の「二面性」に翻弄される点が挙げられます。ほとんどの人は、「飲んでいるとき以外は優しい」「ギャンブルが絡まなければいい人」なので、とくに子供は良い面を信じ、親を最後までは憎めず、とても苦しい思いをします。お酒を飲むたびに暴力をふるう父親はしばしば、酔いがさめると「悪かった、もう絶対にしないから」と言います。その時点では本人も本気なのですが、やはり何度も繰り返してしまいます。ギャンブルも同様です。「今度こそ絶対にやめるから」と言っていたのに、いつのまにか元の木阿弥、1年後に何百万円もの借金をこしらえていることが判明するといった具合です。

依存症は本人の意志力とは関係がない、とは言いましたが、最終的にはやはり、本人の決意が必要です。つまり「治療を受ける。やめる」という決意です。

専門の施設に入るなどの方法によって、出口を見つけていく人もいます。そこに到達できるまで家族がサポートしきれるか、家計が崩壊していないかが問題ですが、その意味でも早期に発見し、医療の助けを借りることが不可欠と言えるでしょう。

Chapter 3

親自身が虐待を受けてきた

ここからは、精神疾患以外の要素を見ていきたいと思います。

子供時代に親から虐待されてきた方々に親自身の生育歴を聞いていくと、親自身もその親から虐待を受けていた、という事実がわかることがあります。いわゆる「虐待の連鎖」です。虐待を受けた子供が全員虐待する親になるわけではありませんが、統計的には、「なりやすさ」の差がはっきりと出ています。

暴力を受けた子供にとっても、親のやり方が「子育て」の一番身近な事例となります。ですから、自分が親になって「どう育てようか」と思ったとき、自分がされてきたのと同じ方法を取ってしまうのかもしれません。子育ては我慢の連続でもありますが、親も苦しいときに、その最後の我慢が続かないのかもしれません。

また、虐待されて傷ついたからこそ、子供に同じことをしてしまうこともあります。

攻撃を受けた人は、攻撃をどこかに返さずにいられません。それが自分に向かえば自傷行為になりますし、他者に向かえば、一番そばにいる無力な子供が対象となる率が高くなります。

また、発達障害やパーソナリティ障害の遺伝形質が引き継がれることで、ストレスに弱く、暴力が繰り返されるという側面もあります。

その一方で、代が変わるごとに、虐待傾向は徐々に薄まっていく傾向があります。

時代がさかのぼるほど、体罰はごく普通に行われていました。50代の方なら、学校に竹刀を持った先生がいたのを覚えているでしょう。叩かれた経験がある人も少なくないはずです。60代なら、「ちゃぶ台をひっくり返す父親」というキャラクターが漫画やドラマに登場するのを楽しんで見ていた人も多いはず。70代なら、戦争帰りの父親にしょっちゅう殴られていたでしょう。古い人ほど手が出やすく、世代が下るほど暴力には訴えなくなります。ですから虐待の連鎖は、今後減っていく可能性があります。

いずれにせよ、世代の違いを考えつつ、当時の常識に従って、親を理解していくことも治療には重要です。

その中で、一つだけ指摘したいのは、「毒親」という考え方も一つの連鎖ではないか、という視点です。

親から攻撃を受けた子供が、親を悪く言う。それは受けてきた暴力をそのまま返すだけで、暴力の連鎖でしかありません。

不愉快な指摘かもしれませんが、憎しみにとらわれて苦しんでいる方々にこそ、一考していただきたいところです。

Chapter 3

チューニング／プルーニングについて知ろう

虐待トラウマというものがどれくらい人を苦しめるものなのかは、僕もよく知っています。世の中にどれくらいひどい虐待があるかということも、それを乗り越えていくのは簡単なことでないことも知っています。

治療は簡単ではないし、本人の気持ちを考えると簡潔に伝えるべきものでもないのですが、ここでは短く要点をかいつまんで説明したいと思います。

まず、虐待を受けたという経験は、「過去のものである」ということを認識してほしいと思います。あなたが大人であれば、おそらく今現在も親に毎日叩かれている、ということはないと思います。

「それでもつらいものはつらい」

「過去のことなのに、しょっちゅうフラッシュバックが起こります」

という方も多いでしょう。悪い記憶が今現在起こっているかのようによみがえる感覚は、たしかに厄介なものです。

しかし、それは過去のものであり、現在現実に起こっていることではないのです。

その現象を客観的に見てみましょう。

10年前の思い出し方と、今の思い出し方に違いはあるでしょうか。前より鮮明でなくなっている人、逆に強くなっている人、両方いると思います。

これは、脳の中で起こっている「チューニング」と「プルーニング」という作業によるものです。チューニングとは、よく使う大事な情報が強化されていくこと。プルーニングは、要らなくなった情報が忘れられ、整理されることです。

人の記憶容量には限界がありますから、脳に新しい情報が入るたび、チューニングとプルーニングが行われて最適化されていくのです。

時間の経った情報、もう使わない情報は消去されます。逆に、何度も思い出していると強化されたり、実際の出来事にはなかった尾ひれが付いたりすることもあります。

脳内で、チューニングとプルーニングは毎日行われています。ではどちらの方向に、記憶を書き換えていきたいでしょうか。

消去する方向に行きたいなら、「今の自分」に目を向けることが大切です。

無力な子供だったころとは違うということ、もう自分は大人になっていて、力もついている、知恵もついている、といったことに着目しましょう。

思い出せば思い出すほど、チューニングされ、忘れにくくなる。

過去のことと割り切り、思い出される前に今のことに注目していれば、少しずつプルーニングされていく（忘れていく）。

これだけですべてが解決するわけではないと思いますが、脳の中で記憶がどんなふうに形作られるかをイメージしていくだけでも、かなり違ってくると思います。

過去は変えられませんが、解釈し直し、書き換えていくことは可能です。

不安や恐怖に彩られている過去を、大人の目線で理解し直し、現実をあるがままにとらえていくことで、新しく解釈し直すことも可能です。

そのときには、不安や恐怖は今とは違うものになっているでしょう。

こういう整理も、チューニングとプルーニングを促進させることになります。

Chapter 3

「家柄」や「土地柄」に縛られる親もいる

連鎖と言えば、過保護も、代々受け継がれやすいものです。

これは、いわゆる「お家柄」が強く影響します。「女の子は学問などを身につけるより、良妻賢母になるほうが幸せだ」という価値観の家なら、親は娘を良い大学に行かせようとするよりも、お花や料理を習わせる、といった教育方針になります。

そうして育った娘が母親になり、娘をそう育てる、という形で代々続いていくわけですが、ときどきそうした「箱入り娘」の度合いが強くなりすぎた女性が、社会性を身につけられずに独身のまま実家に居続けるパターンもあります。地方の資産家のお嬢さんなどに、ときどき見られるケースです。

地方と言えば、保守的な土地柄の町で、その町および親の価値観のせいで、親子関係が悪くなることもあります。都市部で就職し、第一線で活躍している30代、40代の女性が、「実家に帰ると白い目で見られるから帰りたくないんです」などと言うことがあります。地元の人たちから、「30を過ぎて結婚していないなんて」という目で見られるならまだしも、親にまで「地元の恥だから帰ってこないで」と言われる人もいます。

あまり喜ばしい状況とは言えませんが、親と自分のどちらが、より広い意味で社会に適応しているかは明らかです。当然、自分のほうがはるかに現代社会に適応しています。

「なんて心の狭い親なんだ」「世間知らずで困る」などと毒づくよりは、「親とは文化が違うのだ」という客観的な視点を持つこと、そして相容れない部分があるのは「仕方がない」と割り切ることが必要です。

Chapter 3

夫婦問題、浮気、カサンドラ症候群

両親の夫婦仲が悪いと、親子関係にも多大な悪影響があります。

子供は両親の事情をはっきり認識していなくても、漠然とした不安を覚えます。不仲を子供に隠そうとする両親の動機は、心配をかけたくないという思いやり、みっともない姿を見せたくないという見栄などさまざまです。しかし子供は、いくら親が隠そうとしても、不穏な空気を感じ取ります。

どちらかがひどく不機嫌だったり、両親とも自分にだけしか話しかけなかったり。何かあったらしいのはわかるけれど、空気が張り詰めていて聞くに聞けない状態になります。

結果、正体のわからないものへのおびえが子供を萎縮させ、大人になっても不安に駆られやすくなる、などの後遺症を残すことがあります。子供の頃の記憶にそって、人格が形成されていくからです。

激しい夫婦喧嘩に毎日さらされる子供もいます。

殴る蹴る、モノが飛び交う、包丁を持ち出す、といった殺し合いレベルの喧嘩もあり、子供は毎夜、布団にくるまって怒鳴り声に耳をふさぐしかありません。**この場合も、10年後20年後に平和に生活していても、テレビドラマの一場面で怒鳴り声を聞いただけでフラッシュバックが起こる、などの傷を残します。**

91ページでも触れた母子密着のケースも、夫婦の不仲の延長として起こることがあります。カサンドラ症候群の母親に依存され、父親の悪口を延々と聞かされる娘、母親の恋人のような役回りをあてがわれる息子などです。母親に依存されると、子供は「頼られることが自分の存在価値だ」、と思うようになります。

「お母さんは私が（僕が）いないとダメなんだ」という、いわゆる共依存の状態です。友人と遊ぶより母親のケアを選んでしまい、母子密着はますます強まっていきます。母子の結びつきが強くなりすぎて父親が仲間はずれになり、ますます夫婦仲も悪くなるという悪循環です。

さらに深刻な例では、妻との仲がしっくりこなくなった父親が、妻の代替として娘に性的虐待をすることがあります。性的虐待というと習慣的なものがイメージされやすいのですが、未遂や一回限りのケースもあります。父親が酒に酔った勢いで一回だけ、もしくはレイプまではいかずに触っただけ、など。それでも、娘が激しく傷つき、困惑することに変わりはありません。

このようにさまざまなケースがありますが、その経験を持つ「元・子供」は、自分に起こった出来事を「自分のせい」だと思わないことが大事です。実際、自分のせいではないのですから。

大人になった今、許せることも許せないこともあると思いますが、いずれも発端は、「親の事情」であり、「子供には何の責任もない」ということを、改めて認識してほしいと思います。

Chapter 3

片親と貧困

貧困も、親子問題の温床となります。そして、貧困と相関性が高いのは片親家庭、とくにシングルマザーが切り盛りしている家です。

もちろん、シングルマザーでも裕福な人はいます。成功している女性経営者だったり、実家が資産家だったり、もしくは誰かお金持ちの男性の別宅を営んでいたりする女性なら、経済的に困ることはないのかもしれません。しかしそれは全体のうちのごく少数です。多くのシングルマザーは、一日働いて、それでも家計は苦しく、疲労は溜まりやすく不安は尽きない、という毎日を生きています。

そのように心身ともに追い詰められた状況では、やはり親子の不和が起こりやすくなります。虐待やネグレクトまではいかなくとも、親がいつも外にいて親子のコミュニケーションが不足する傾向もあります。

ここまで何度か触れてきた「ヤングケアラー」も、多くの貧困家庭で起こる問題です。

外で働く親の代わりに子供が家事をする、幼いきょうだいの面倒を見るといったケースです。親が疲れ果てて病気かうつになれば、親の世話までもが加わります。

このようなヤングケアラーが「問題」となるのは、自分のために時間を割けなくなるからです。勉強する時間がなく、ときには学校に通う時間さえ確保できない子もいます。

まともに教育を受けられないということ、それは同世代の中での競争に負けやすいということです。テストの成績などの目に見える結果だけでなく、知識や情報量や、それに基づく判断のスキルも備わらないため、将来の道がどんどん狭まります。スポーツや遊びに時間を割くこともできず、他の子供よりも何かに秀でることができる場面が少ないかもしれません。すると成功体験を得られず、自信喪失のなかで精神を病んでいく――という道を歩む確率が高まるかもしれません。

片親でなくとも、経済的に苦しい家は、この貧困スパイラルに入る危険があります。「両親＋子だくさんの家族」なども同様に危険です。

よくテレビのドキュメンタリーで、大家族の特集が組まれますね。ある家族を経年的に追っている番組もあり、高い人気を得ています。僕たちはえてして「貧乏でも、絆が深くて幸せ」といった家族ファンタジーを抱きがちです。もちろんそういうご家族もあるのでしょうが、多すぎるきょうだいは、個々の子供の幸福度を下げることがあります。なぜなら、一人に分配できるリソースが減るからです。食べ物や衣類や日用品もそうですし、親子の会話の時間や、教育にかけられるお金も限られてしまいます。

Chapter 3

反骨精神で成功しても、満たされない人

今の日本では格差が年々広がり、相対的貧困の問題が深刻化しています。

貧困は個人の努力の問題と思われがちですが、実は社会の問題です。経済システムが機能していないから、生きるのに必要なものが皆に行き届かないのです。現在、地球上では食糧が余りつつあり、科学技術を駆使すれば、人類全体で見れば飢餓の問題は克服可能に

なりつつあります。しかし現実には、政治的問題で次の食事をどうするか、と困っている人がいます。

皆が当たり前のように思っていて、見落としている貧困もあります。今の日本では、夫婦が共働きをしなければ家計が回らない家が多数派です。これも、貧困の一つの形だと思います。昭和の時期には、父親ひとりの稼ぎで2人、3人の子供を食べさせている家がざらにありました。「女性活躍」といった響きの快い言葉で煙幕を張られていますが、日本経済のひずみがこの数十年でいかにひどくなっているかがわかる事実とも言えます。

そうしたことから、親の貧困を淵源とした「元・子供」の症例が今後増えていくのではないか、と僕は考えています。

もちろん、貧困のなかで育った子供が成功することはあります。貧しいからこそ、それを跳ね返そうという反骨精神をもって上り詰めるのです。いわば、「貧民街からサッカーのスター選手になる」ような人たちです。ただし、このタイプは希少です。成功に至るには、元手となる能力がなければいけません。

とはいえ、成功者でも精神的には不健康、ということもあります。いくら成功しても心が満たされず、お金や権力を際限なくむさぼるようになっていく人もいれば、ひっきりなしに人間関係でトラブルを起こす人もいます。そして、親や子供との間に問題を抱える人もいます。

外から見える分には成功者であり、幸せそうに見えても、心の中は傷だらけで、不満が多い人もいます。晩年にうつになる人、傷害などの犯罪を犯す人、そのようなスターを見たことはないでしょうか?

個人の問題と片付けるのではなく、親子問題、貧困問題は軽視してはならないのです。

Chapter 3

自分が「育てにくい子供」であった可能性

自分の親はひどい親だった、と考える元・子供の方々にとって、あまり考えたくない可能性かもしれませんが、少なからず存在するケースについてお話しします。

それは、あなた自身が親にとって「育てにくい子供」だった可能性です。

発達障害や境界知能の子供を育てる親は、他の親とは違う苦労をします。言うことをきかない、感情の制御がきかない、（定型の親から見ると）不可解なこだわりがある、すぐパニックを起こす、忘れ物が多い、友達とトラブルになる、など。

こうした子供の親、とくに母親は、周囲からも白い目で見られがちです。

ひと昔前なら、子供が少々変わっていたり行儀が悪かったりしても、鷹揚に受け入れる寛容性が社会にはありました。しかし第1章で述べたように、時代とともに親の教育に求められる「平均点」が高くなり、子供のエキセントリックな言動は、すぐに見とがめられるようになりました。

学校の担任、ママ友、電車に乗り合わせた赤の他人などから、「子供のしつけもちゃんとできないのか？」という非難めいたまなざしをしょっちゅう浴びるのはかなりのプレッシャーです。ときには子供の父親までが「お前の育て方が悪いんじゃないか」などと言うこともあり、そうなるとまさに孤立無援です。

そうした環境の中で、もっともよくある反応は「自責」です。「私が子育てに失敗したから」と自分を責めて、うつや不安障害になることもあれば、疲れ果てて家を出て行ってしまうケースもあります。

ストレスの原因である子供を攻撃してしまうこともあります。手が出る、暴言を吐くなど。母親が慢性的なうつ状態になり、パニック時に怒鳴り散らすこともあります。

四六時中、子供の一挙手一投足に細かくダメ出しをせずにいられない状態になるケースもあります。これ以上子供が外で失敗しないように、という親心と、自分が非難されたくないという保身があいまって、「なんでそういうことするの」「なんでできないの」「いつもそうなんだから」と言い続け、最終的に「全否定」に近いレベルの攻撃になってしまいます。子供の自尊心は当然ダメージを受けますが、親なりに必死なのです。


くれぐれも誤解のないようにしていただきたいのですが、僕は「あなたが悪い」という話をしているのではありません。可能性の一つとして、「あなたは育てにくい子供だったのかも」とフラットに述べただけです。

そこに「私のせいだったの?」などの意味づけをしないようにしましょう。「どちらが悪かったのか」という発想からも離れましょう。ただ単に、「親にとって、自分が育てにくい子供であったかもしれない」というだけの話です。

１０１ページで、「物理的現実」の話をしましたね。お寿司を「おいしそう」ではなく「魚と米」だと見るように、親のことも「ひどい人」ではなく「こういう人」というふうに見てみよう、という話です。

ここではその見方を、「過去の自分」に向けることが必要なのです。単純に、「自分はいつ何時もじっとしていられない子供だった」であるとか、「いつも周囲とぶつかっていて、喧嘩も絶えなかった」など、事実のみをとらえます。難しいかもしれませんが、これも認識の偏りをリセットするための大事なプロセスです。

Chapter 3

親の育った世代について

世代が下るにつれて社会の価値観が変わる、という話はこれまでもたびたび出てきました。前述の通り、子供に対する体罰は、昔は「当たり前」でしたが、今は減っています。児童虐待の報道は昔より増えているように感じるかもしれませんが、それは「虐待は許しがたい悪行だ」という価値観が社会に根付いたからこそ、ニュースになっているのです。

家父長制の時代に常識とされていた価値観も、どんどん薄れつつあります。

昔は、長男だけがきょうだいの中で尊重されることが当たり前で、財産は全部長男へ受け継がれました。細かいことを言えば、「長男だけおかずが一品多い」などの差をつけられることも珍しくありませんでした。今ではそんな家はめったにありません。

家庭内での女性の地位も上がってきました。これも前述の通り、女は外に働きに出ず家にいるべし、という考え方も、保守性の強い地方にしか残っていません。


また、性的虐待を受けたときに女性が声を上げるべきだ、という風潮が高まっています。これがひと世代前なら――現在50代くらいの女性が若いころなら、性被害を受けたときに、母親から「黙っていなさい、我慢しなさい」と言われることがよくありました。母親は母親なりに、娘を世間の目から守ってやりたい、という思いがあったわけですが、今の価値観では理不尽な話です。

家の外には、厳しい上下関係もありました。「目上の人間には（たとえこちらのほうが理にかなったことを言っていても、いくら相手が理不尽でも）服従すべきだ」という考え方です。これも今や、ナンセンスだと見る向きが優勢になっています。

つまるところ、世の中はどんどんフェアに、良い方向に進んでいると言えます。

しかしこれは、親子問題を考えるときには思わぬトラップとなる面もあります。現代の基準で昔の出来事を判断して、「お父さんはすぐ手が出た、許せない」「お母さんは兄ばかりひいきしていた、許せない」というふうに、恨みを持ってしまいうるからです。

患者さんと話していても、世代差を加味せずに判断が偏っていることがよくあり、そのつど、治療は停滞します。そこを越えていくには、「今なら許されないけれど、当時はそういう時代だったのだ」という視点を持つことが必要です。

そこで役に立つのが、歴史――というほど大層なものではありませんが、過去50~60年くらいの、日本の世相の知識です。親や祖父母の生きていた時代についての本を読んでみるのは、大いにお勧めです。戦中戦後の暮らし、全共闘時代、高度経済成長期、平成バブル期。それぞれの時代を扱った実録本や小説が豊富にあります。古い日本映画もきっと参考になるでしょう。

「当時はそういう時代だったのだ」という認識は、「割り切り」であるとともに、ある種、救いでもあります。親は自分を愛していなかったわけでもないし、軽んじていたわけでもない、そういう時代に生きた人なのだ、という気づきになるからです。

Chapter 3

宗教2世の問題①
子供の社会的自立が阻まれる

親子問題を語る上で、宗教2世は避けて通れないテーマです。

特定の宗教を熱心に信じている家庭内で、子供に起こる悪影響は、ちょっとした不自由レベルのものから、精神の不調をきたすレベルのものまでさまざまです。

たとえば、その宗教の活動における行事につきあわなくてはならないので、自分の時間が奪われることがあります。友達と遊べなかったり、勉強する時間がなくなったりします。

これはヤングケアラーの問題とも似ていますが、子供が自分のために時間を使えないことで、子供の人格形成において、悪影響を与えかねません。

スポーツの練習ができないので、他の子供に負けてしまう。勉強する時間が取れないので、成績を伸ばせない。アニメやゲームの時間がないために、子供同士での共通の話題を見つけられず、友達を作る機会を失ってしまう、などです。

大人の目線からは不要だとみなしてしまう時間や活動も、子供の世界ではとても重要であり、そのせいで自尊心が育みにくくなってしまうこともあります。

自立が妨げられる危険もあります。

子供が反抗期を迎えたとき、普通の家庭ならば親と子だけが対立して、やがて妥協点を見つけていくわけですが、そこに親の信じる宗教、という強大な価値基準がある場合、子供が抗うのは大変です。正解がはっきりしていると、妥協点を見つけるという作業はなされず、どちらか一方が言い負かされて終わってしまうしかないのです。

強大な基準や規範は、「これに沿っていれば大丈夫」というレールでもあります。親はそれに自ら乗ったわけですが、レールに乗っている子供も自然と、自分で思考することが少なくなります。創意工夫する機会がないため、成功体験が積みにくく、自尊心も育ちにくくなることがあります。

信仰心の強い家庭では、虐待が起こりやすい傾向もあります。

昨今イメージされるのは、子供に使うはずのお金を教団に貢いでしまうとか、子供が嫌がっている習慣を押し付ける、といったことでしょう。もちろんそれもありますが、さらによく見られるのが教育虐待です。普通の家庭よりも、厳しいルールが課され、しつけも自然と厳しくなりがちです。

本来、教育やしつけは、親も迷いながら行うものです。ときには失敗して、親が前言撤回することもあります。迷いながら子育てをするからこそ、親子の力関係は均衡が保たれるのです。力や立場も圧倒的に強い親は、迷うことで自らの立場を弱めない限り、子供の目線に立つことはできないのかもしれません。

しかし、宗教の教義がバックボーンにある場合、親には迷いがなくなります。ためらいなく、厳しく子供を叱り、従わせます。結果、やりすぎになってしまい、虐待に近いことが起こってしまうことがままあります。

違う宗教の人とは結婚を許してもらえない、もしくは相手の親から反対されることもあります。そこをクリアして結婚できたとしても、年中行事や冠婚葬祭のたびに実家と婚家が「このやり方でないと」と対立する、「家庭間宗教戦争」も起こりがちです。

宗教は「信じている私たち」に対する「信じていない彼ら」を敵と認識させることで結束力を強化するのかもしれません。宗教2世の親、つまり宗教1世は、自らその輪の中に入り、外側の世界に拒否反応を示すことで自らのアイデンティティを保っているのかもしれません。そういう中では、宗教が子供たちの恋愛や夫婦関係に影響を与えるのは自明のことです。

世界的に見て、日本の家族観はまだまだ伝統的で、変革の余地を大きく残しています。LGBTQIなどの性的マイノリティや、婚外子の話などがもっと一般的になっていくことが予想され、そういう中でも、自由に自分達の家族像を決められないのはとても不便でしょう。

Chapter 3

宗教2世の問題②

世代論としての宗教1世

では、その輪の中に入った親には、いったいどのような背景があったのでしょうか。心のよりどころを求めずにいられないような、何かがあったことは確かです。

その「何か」は、まさにこの章で概観してきたようなことです。疾患を抱えていたのか、過去のトラウマがあったのか、配偶者や子供との関係に悩んでいたのか、とにかく何かしらで苦しんでいたということです。

新興宗教に関して言うと、孤独は大きなポイントだと思います。かつ、「世代論」としてもある程度ひもとけると思います。入信した親のボリュームゾーンは団塊の世代です。この世代には、高校を卒業するとともに都会に出て働き始めた人がたくさんいました。18歳や19歳で、近くには知る人もなく、心細い思いを抱えていたわけです。

宗教は、そんな若者をターゲットにしました。それに応えた人たちは、信仰云々よりも、コミュニティに対する渇望感があったのではないかと思います。

さらに言えば、今現在も「教義を信じていること」よりも、意識しているにせよ無意識にせよ、仲の良い人たちとの交流のほうが主目的、という人も多いのかもしれません。ならば、子供もさほど縛られることはないのではないか——というと、それも違うのです。宗教2世として生まれた患者さんと話をしていると、抜けたいけれど抜けられない悩みや、抜け出した後もなお続く苦しみが伝わってきます。

親に対する罪悪感、コミュニティの内側で一緒に育った友達との別れなど、抜けてしまえば、次の新しい苦しみがあるのです。内側の世界に長くいすぎて、外側の世界とギャップを感じる人もいます。そのため、不安だから出られないという人もいます。

解決しづらいテーマではありますが、やはりできる限り客観的に親を知り、同様に自分を知ることを丹念に続けていくしかないと思います。

仕事・業界について

親がどのような仕事に携わっている（いた）のかは、親を理解するために欠かせないポイントです。中でも仕事や「業界」の文化は重要です。どんな業界に属していたかは、人格形成に多大な影響を与えるものだからです。とは言え、「〇〇業界だとこんな人になりやすい」といった話を具体的に語ってしまうと、それは個人的な意見が色濃く出てしまう可能性を否めませんので、省略させていただきます。

なので、自分でネットやSNSなどで調べてみてください。「〇〇業界　雰囲気」「〇〇業界　イメージ」「〇〇業界　あるある」などの検索ワードで、かなりリアルにつかめると思います（フェイクニュースにはお気をつけて）。

保守的なのか自由なのか、体育会系なのか文化系なのか、規律が厳しいのかカジュアルなのか、華やかなのか生真面目なのか。仕事や業界によって、雰囲気はまったく異なります。たとえるならば、学校の部活に似ています。野球部と美術部では、やはり雰囲気や価値観がまったく違いますよね。野球部とサッカー部は同じ運動部なので似ているかもしれませんが、それでもやはり、雰囲気は違うものです。

同じ野球部でも学校によって違いはありますが、どこか共通する雰囲気があるのも、やはり会社は違えど、同じ業界なら雰囲気がどこか似ているのと同じです。

親の会社と、同業他社のホームページを何社か見比べるのも良いでしょう。同じ業界内でも、会社のカルチャーは少しずつ違うものです。

世代と掛け合わせると、さらに細かなことがわかります。

どんな業界にも、時代によって浮き沈みがあります。どのようなタイプの人材が集まってきたかにも変遷があります。「○○にでもなるしかないか」というモチベーションの低い人しか集まらなかった職業が、今や花形になっていることもあるでしょう。なので、今の業界の雰囲気だけでなく、過去の業界の雰囲気もさかのぼって研究してみることも大事です。

親は、どの時代に、どんな思いでその職業を選んだのでしょうか。その業界の当時の空気の中で、どのような毎日を過ごしたでしょうか。それは親の価値観に、どのような影響

を与えたでしょうか。きっと、発見できることが多々あるはずです。

職種や、社内のポジションでも見えてくることはあります。

技術者だったのか、経理だったのか、営業だったのか。中間管理職だったのか、経営者だったのか。ちなみに経営者でも、創業社長と2代目とではキャラクターはかなり変わってくるものです。加えて、時期に合わせたポジションの変遷もわかれば理想的です。そこまでわからなくても、「何年に転勤した」とか、「本社勤めになった」といったことも手掛かりになります。

そして、そのころの私生活がどうだったかを考え合わせてみましょう。猛烈に多忙な業界で、生き馬の目を抜くような競争をしながら、私生活では妻と喧嘩が絶えず、小さなことで子供に手を上げる日々だった、となれば、親の言動に説明のつく点もあるはずです。その言動が決して許されるものではなかったにせよ、これまでの「親像」に、新たな奥行きが出てくるでしょう。

Chapter 3

老いた親を理解する①

ネットと親との関係

ここまで、親の「過去」を理解する手立てを紹介してきました。

一方で、親が老年期に差し掛かり、その変化や関係性のあり方にとまどいを感じている方も多くいるでしょう。かつて問題のあった親が「丸くなっていく」こともあれば、昔は折り目正しかった親が、急におかしな言動をとるようになることもあります。その変化をどう読み、理解するかについてもお話ししておきます。

親の変化に悩む人の相談でしばしば見られるのが、親とネットとの関係です。

たとえば、ネット上のフェイクニュースや、怪しげな陰謀論を頭から信じてしまう、などというケースは、最近よく見聞きします。信憑性の薄い情報に振り回される理由は一様ではありませんが、一つは、知的な問題が考えられます。複雑な情報を処理できずに、わかりやすくインパクトの強い情報に飛びついてしまうというパターンです。

人間理解や社会理解が、こちらの期待よりも低いのかもしれません。他者との交わりが少ないがゆえに社会理解が浅い、ということも考えられます。ずっと家の中で子育てだけをしてきた親や、狭い業界で変化のない仕事を黙々とこなしてきた親など、当時は普通の大人であっても、情報に晒された我々から見ると驚くほど素朴で、戸惑うかもしれません。

子供はいくつになっても、親を大きくとらえてしまいがちです。でも、たとえば父親も普通のおじさん、おじいさんに過ぎず、過度に優れていることも、劣っていることもありません。なので、期待している以上に力不足、恐れている以上に力不足、という場面は臨床上、よく見かけます。

「80を超えたおじいさん相手に、何を恐れているんだろう?」と第三者から見ると、不可思議な状況にも、当の本人は真剣に恐怖していることがあります。

陰謀論やフェイクニュースを信じてしまう人たちは、高齢だからという問題だけでなく、知的な問題や貧困の問題なども関わりがあるそうです。もし親が陰謀論を信じ、こちらの説明も理解できず、困惑しているなら、もしかしたらあなたが子供のときに受けた虐待も、知的な問題や貧困の問題に関係しているのかもしれません。

また、親たちの世代は、大量の情報をさばききれないのかもしれません。一般社会にネットが普及したのは2000年ごろです。親がそのころすでに50代になっていたとしたら、ネット社会に今も順応できていない可能性は大きいです。玉石混交の情報から、有用なものだけを拾い上げて読む、という今の人なら当たり前のように持っているスキルも、不得手である可能性があります。

その場合、重要性の低い情報もすべて読まないと気が済まなかったり、大手企業からの情報だから、と安心しきって、他の情報源からファクトチェックをしなかったり、それらのことが当たり前になっていない可能性があります。

親がネットで誹謗中傷をしているらしい、と悩む子供もいます。現役時代はそれなりの地位に就いていた人がそうした行動に出ることも多いようです。子供が思っているより、親世代のネットリテラシーは低いということを認識しておく必要があります。そして、伝統的な価値観や仕事観、家族観が変わりつつあること（それは古今東西、常に起きている変化にもかかわらず）を受け入れられず、文句や怒りを出してしまうようなのです。

いわゆる「昭和の頑固親父」も、ネットと関わると豹変しがちです。無口で、周囲がニーズを察知して先回りしなくてはならないタイプです。このタイプの親は、一見威厳に満ちているようで、実は言語化能力が低い人かもしれません。言語化できないということは、思考の整理もできていないということです。そうした人が、匿名で何でも言える場所を見つけたら、暴言を吐き散らしてしまうことは大いにあり得ます。

今後は誹謗中傷の規制が強くなること、ＩＰアドレスを特定されれば警察沙汰になる危険もあることなど、正しい情報をきちんと伝え、法的なリスクが高まっていることを理解してもらうことも重要でしょう。

Chapter 3

老いた親を理解する②

遅発パラフレニーと認知症

中高年期に入ってからかかる精神疾患に、「遅発パラフレニー」という病気があります。突然妄想が出現する病気で、操作的診断に基づくと統合失調症と診断されるものですが、10～20代発症の統合失調症の妄想とは少々異なります。

統合失調症の妄想は荒唐無稽なものが多いのに対し、こちらはもっと日常的で、つい信じてしまいそうなことを言います。たとえば、「近所の○○さんに悪口を言われている」「マンションの住人の○○さんに嫉妬されて、いやがらせを受けている」「商店街に詐欺師がいる」「携帯電話のアプリを間違えて入れてしまい、ハッキングされている」など。

妄想が妙に現実的で、嘘とも言い難いような、なんとも言えない違和感を覚えるような発言なのです。また妄想を語るとき以外はすべて今まで通りなので、なおさら診断が遅れてしまいがちです。

それらが事実無根であることに気づいた家族も、しばらく放っておくのですが、いよいよトラブルが続いたときに初めて、病院に連れて行き、病気だったとわかる、といった流れが典型的です。妄想以外の部分はいたって正常なので、つい周りも我慢できてしまい、問題が大きくなるまで放置されがちです。

治療は統合失調症とほぼ同じで、抗精神病薬の投薬が中心ですが、若いときに発症した人と比べて、投薬を行ってもあまり好転しないことが多い印象です。

時間経過とともに、「前頭側頭型認知症」および、「レビー小体型認知症」に診断が変更されることがあり、その場合は統合失調症の診断ではなく、認知症の前駆症状だったのだろうと判断されます。

前頭側頭型認知症とは、前頭葉と側頭葉が特に萎縮する認知症の一種で、怒りっぽくなったり、売り場で食べ物を万引きしてその場で食べてしまったり、といった問題行動が出るのが特徴です。指定難病になっているので、治療には補助金が出ます。

レビー小体型認知症では、幻視が起こります。「庭で子供たちが遊んでいる」というようなことを言うほか、軽度のパーキンソン症状が出ます。認知症の一種ですが、薬物過敏性があるのも特徴です。

親が長生きすれば子供はいつか、「親が認知症になる」という場面と直面せざるを得なくなります。認知症は、ほかの精神疾患と合併して起こることもあります。うつ、統合失調症、不安障害など。

また、発達障害の特性がそこから強く現れることもあります。これは、もともと発達障害傾向があった人が、加齢に伴い、前頭葉機能が落ち、特性が色濃く出てしまうからです。認知能力の低下とともに、抑え込んでいた特性が再び出てきます。こだわりを見せたり、ＡＤＨＤ的な衝動を見せたりするので、通常よりも手厚いケアが必要となります。

第4章

どんな未来を選択するか

Chapter 4

「親理解」のあとに、どんな道を選ぶか

「私の親は、（私に対して）ひどい人だった」という単一的な枠をとり外し、「私の親は、こういう人だったのだ」という形で、客観性をもって把握し直す。第3章までを通して、そのプロセスを多少なりとも体感していただけたのではないかと思います。

そもそもどうして、このようなプロセスをとっているのかというと、精神科臨床で行われている治療プロセスがまさにこのようなやり方だからなのです。治療ではさらに細かく、その人に合わせた問いかけをし、時間をかけて理解を深めていきます。そうやって、正しく認識できるようになることで、治療が進むことが知られています。

実際のところ、どうして知ることが治癒になるのか？　というのは脳科学的にわかっていることではありません。ただ、臨床経験上、そういうことが知られているだけなのです。

「予測する脳」という仮説を考えてみましょう。

我々人類は、ありのままの現実をとらえて、見ているわけではありません。目から入ってくる情報、耳から入ってくる情報、過去の記憶や知識などをあわせて、脳内で再加工しているのです。

潜水艦や宇宙船の中にいる乗組員を想像してみてください。彼らはさまざまな機器から受け取る情報を総合して、今の自分達の状況を把握しています。それと同じように、人間の体も個々の情報をそれぞれ集めて、脳内で人間の意識が理解しやすいように、まるであたかもそのまま見ているかのような空間世界を再構築している、というのです。

その証拠に、僕らは知識の有無によってものの見え方が変わります。騙し絵はその例として有名で、仕掛けを知る前と後では、見え方がまったく違うでしょう。そのときの体調や気分によっても見える景色が異なるし、生まれ育った文化圏によっても、見える景色、味わう感覚（味覚はまさに！）が違うのです。

脳というのは何をしているのか？ というと、常に何が起きているかを予測しており、それを脳内のバーチャルリアリティ空間に反映させています。そして、現実とのズレを認識した際、我々の意識はストレスを感じ、不安や怒りなどの感情として立ち上がり、そこから「問題を解決しにいこう」「認知を修正していこう」「回避しよう」などの選択肢を選ぶのです。

なので、我々が不安やストレスを感じているというなら、予測が正確になるように、正しい知識をインストールしてあげる必要があるし、親子問題に関しても、正しい知識をインストールすることで、親に対するストレスや悩みが減る、という理屈であり、本書の仮説なのです。

これが予測する脳の仮説であり、今回、皆さんに紹介していることの根拠です。

では、認識がアップデートされ、改まったあとは、どうすればよいのでしょうか。

そこにはさまざまな選択肢があります。

「親にも、どうしようもない事情があったのだ」と考えて和解に至るという道。

「事情があるのはわかったが、それでも許せない」と考えて絶縁を選ぶという道。

あるいは「距離を置く」という中間的な選択もあります。その「距離」も、どの程度が適切なのかは一人ひとり違います。

正しい知識に基づく選択は、親との関係だけでなく、自分の生き方にも関わってきます。自分はどのような家庭を作るのか、あるいは作らないで独身を通すのか。子供はどう育てるのか、あるいは子供を産まないことを選ぶのか。

このような道がいくつもあるわけですが、どれを選ぶかは患者さんの自由です。序章で述べた通り、そこは精神科医が口出しする領域ではありません。

ただし、まだ「客観的に現実を把握できていない」「認知のゆがみがある」と思われる行動が続いている場合は別です。治療が完了していないとみなし、さらに客観性を持って親自身を見直せるよう、対話を重ねていきます。

では、その「認知のゆがみがある行動」とはどのようなものでしょうか。

たとえば、虐待を受けていた人が、知らず知らずのうちに自分の子供を虐待しているケース。これは明らかに、治療が済んでいないということです。

親との関係に苦痛を感じつつも「密着」し続けている人も、やはり問題だとみなします。自分の人生を主体的に生きられず、毎日不安や抑うつ気分を味わいながら生活しているのであれば、やはり、問題があると言えるのではないでしょうか。もちろん、経済的な理由など、仕方がない事情もあります。それは個々に検討すべきですが、しかし、日本の福祉制度を活用すれば、仕方がないと思える現状を打破することは物理的に可能であったりもします。

そしてもちろん、最初と変わらないトーンで親を深く恨み続けている場合も、治っていないと判断します。

こう言うと、そもそも「治っていない」とはどういうことなのだろう、と思われるでしょう。たしかに説明の難しいところです。しかし、どんな方にもわかる「明らかにやめたほうがいい状態」というものはあると思います。

子供を殴るより、殴らないほうがいいに決まっています。親との関係がつらいなら、べったりとくっついているよりも距離を置いたほうがいいに決まっています。

深く恨み続けるエネルギーと時間があるなら、それを自分のために使うほうがいいと思う人のほうが多いでしょう。

それができないということは、変化を受け入れられない「ひっかかり」が、本人の中にあるということ。これが「治っていない」ということです。

自分の行動を「自分で決める」ことができていない、とも言い換えられます。過去の経験や、それによって生じた視点の偏り、認識のゆがみなどがあり、結果として、明らかに自分にとってよくない道を「選ばされて」いる状態です。もしくは問題解決を避けて、ひたすら「回避」を選んでいる状態とも言えます。

この縛りを超え、自ら道を選べるようになること。それで少々間違っても、また自分で考え直し、調整し直していける力を持つこと。それが患者さんや、親子関係に悩む方が目指すべき未来です。

Chapter 4

親と絶縁することはできるのか

虐待されたことが許せない、過干渉や束縛から逃れたい、お金を無心されて自分の生活が脅かされている……など、さまざまな理由で、親と事実上の絶縁を選ぶ人は少なくありません。

「事実上」と言ったのは、それが法的な拘束力を持つものではないからです。専門家ではないので詳しくは語れませんが、今のところ、法的措置によって親子関係を「なかったこと」にすることはできないそうです。戸籍を抜いても、親子関係は続きます。

ですから絶縁とは、「連絡を取らない」という選択をずっと続けていくこと、という意味になります。連絡しない、連絡先を知らせない、親の知らない場所に引っ越す、などが「初動」になりますが、その後も、きょうだいや親戚の結婚式や葬儀の際は、出席をあきらめて別途あいさつに行く、といった工夫も必要になってきます。

実際にそのように距離を置いていても、親がどこでどうしているか、何かの拍子にわかることもあります。たとえば、戸籍謄本を取ったときに親が再婚していたことを知ったり、保健所から突然連絡が来て、親が精神を病んで生活が立ち行かなくなっていると知ったりすることがあります。

住民票の閲覧制限という処置もできるので、それらで対応することも可能です。

親の困窮を知ったときに手を差し伸べるか否かも、そのつど決めなくてはなりません。親が死亡したときには相続が発生します。そこでも、遺産を受け取るか否かを選び、所定の手続きをする必要があります。借金があればそれも引き継がれてしまうので、急いで「相続放棄」の手続きをしなくてはなりません。

そういうわけで、絶縁は一回宣言すれば終わりというものではなく、その後も人生の節々で選択を迫られる、継続的な行為と言えます。ただ、そうした機会は何年かに一度のことなので、基本的には「肩の荷が下りた」と感じる人が多いようです。

一方、絶縁と似ているのが、親を訴えることで遠ざける選択肢です。

過干渉な親、ストーカー化した親から逃れるために、裁判を起こすのです。

子供への依存や執着が激しい親は、どの世代にも一定数います。四六時中LINEを送ってくる、無視すると怒って暴言を吐きまくるなど。親に住所を知らせないでいたら、職場や友人に片っ端から電話をかけて大騒ぎした、という例もあります。

訴えが認められれば、親に接近禁止命令が出るなど、法的措置が取られます。ただし必ず有利な判決が出るとも限らず、ここはケースバイケースです。

Chapter 4

和解は、実は一番楽な道

親との和解とは、親を受容することです。

親の特性や、弱さや暴力性や攻撃性を受け入れ、距離を取りつつもストレスなく——多少のストレスがあっても生活に支障をきたさない程度に収まりがつき、付き合いを続けることが可能になる、ということです。

何年も診療を受けるくらい親に苦しめられた患者さんでも、この道を選ぶ人はいます。

「親は発達障害だった」という気づきがきっかけになる人は多いようで、悪意があったわけではなく、発達の特性だったのだとわかることで、ホッとするようです。お弁当をつくってくれなかったのは、悪意ではなく、能力の問題だったけれど、うちの親は他の親のようにできなかっただけだ、とか。

親が自営業の人には「親を客観視して理解したことで、家業を継ぐ覚悟ができた」と言った人もいました。治療が進むにつれ、これまで見えていなかった親の奮闘ぶりや会社経営の苦労が理解でき、自分もそこに参画しよう、という意識が芽生えたのだそうです。

和解の道は一見難しいように思えますが、多くの人が「楽になった」と感じるようです。

反発するよりも仲良くしたほうが、はるかに精神的に軽やかでいられるようです。

これは、世の中の大半の親子がたどっている道でもあります。思春期で子供が反発して、その後は少し距離ができ、さらに時間が経てば、大人同士としてだんだんとわかりあっていく、というコースです。

「大半」と言いましたが、その比率自体が上がっているとも感じます。親子関係に、古い時代のような「きわだった理不尽」が少なくなっているからです。

前述の通り、昔の日本では、個人の人権よりも家のほうが優先されました。家の中では、親は子供よりずっと偉い存在で、男女の間にも著しい不平等がありました。父親が子供を殴るのは当たり前、長男が優遇されるのも当たり前。

子供のいない親戚のところに次男が養子に出されたり、娘は家のために政略結婚させられたり、といった話も決して珍しくありませんでした。今、そんな話を聞くことはめったにないのではないでしょうか。

個々に目を止めれば、和解困難な例はいくつもありますが、世の中では和解する親子が増えている、という全体感覚も、持っておいて損はありません。

Chapter 4

「親がわかってくれない」というバイアス

深刻な確執や恨みがない人でも、親とのコミュニケーションでストレスを感じることはしょっちゅうあると思います。たとえば、たいていの人が一度ならず抱くストレス、それは「親がわかってくれない」という不満です。

「仕事の愚痴を言ったら、頓珍漢で冷徹な答えが返ってきた」

「『我慢しなさい』で片付けられた」

などが典型例です。こういう話を聞くたびに、親とうまくいっている子供でさえ、「親幻想」によるバイアスがあるのだな、と感じます。

つまり「親はわかってくれて当たり前」という幻想です。その根底にあるのは、親は自分より賢くて、経験値が高いに決まっている、といった「親は万能」という無意識的な幻想でしょう。

要は、親を理想化しすぎているのです。期待が高すぎる、と言ってもいいでしょう。

しかしここは、親は「わかってくれなくて当たり前」と思うのが、適切な期待かもしれません。要はバランスの問題なので、期待が高い人（多くの人にとってはこちらが普通）にとっては「わかってくれなくて当たり前」と思うことが大事だ、ということです。

さほど難しいことではありません。今、自分が携わっている仕事を親ができるかどうか、考えてみましょう。少し想像を巡らせただけで、「できないだろう」とわかるはずです。

とくに昭和期のお母さんなら、働いた経験がまったくない人も多いはずです。そういうお母さんはきっと、答を求められたとき、「私にはよくわからないけれど……」という前置きもしているに違いありません。しかし期待の高い子供は、それも聞き流してしまいがちです。「もちろん私だって、いい答えをくれとは言っていない、ただ聞いて、受け入れてほしいだけだ」という人もいるでしょう。しかしこれも、親の包容力に期待を寄せすぎてはいないでしょうか。

人間、年を重ねれば集中力が落ちてきます。複雑な話を理解しようとするのも疲れるし、延々と続く話なら退屈もするし、さっさと話題を替えたくなって話の腰を折りたくもなります。

親を、実際よりも立派で成熟した人物だと思い込むバイアスを解除しましょう。それだけで、コミュニケーションのストレスはかなり軽減します。

親世代と比べて、僕ら世代はコミュニケーションスキルに関する研修を、学校や職場で知らず知らずのうちにたくさん受けています。なので、コミュニケーションに対する根本的な理解も、世代によって大きく違います。それがわかると、親世代の不親切なコミュニケーションも許せるようになるかもしれません。

日本ではしばしば、「結婚しない人々」の増加が話題となります。年間の婚姻件数は年々減少し、今は男性の4人に1人、女性の6人に1人が生涯未婚、というデータもあります。そして、こうした報道のほとんどは、貧困の問題とセットで語られます。未婚でいる理由は、結婚しても暮らしていける見通しが立たないからだ、という解釈です。

しかしそれは一面的な見方だと僕は思います。経済的に少々不安でも、あれこれ考えずに結婚するカップルは多いですし、生活の場を一つにまとめて2人で稼いだほうがローコスト、という考え方もできます。

実際のところは、「結婚にポジティブなイメージを持てない」がゆえに結婚しない人が相当数いるに違いないと思います。両親を見ていて結婚に幻滅した、自分が良い家庭を築けるイメージが持てない、という声は、僕の元にもたくさん届きます。

その選択は、悪いことではありません。独身を貫く人はしばしば、「そんなふうに後ろ向きに生きるのはよくない」と人から言われたり、自分自身でもそう思ったりします。そして、ネガティブな結婚観を持つ自分を責めてしまいがちです。

しかし、ほかの選択肢も含めて、客観的に判断したことならば、後ろめたい思いを抱く必要はありません。

さらに言えば、「後ろ向きな生き方」でも問題ありません。トラウマがあり、家族というものに不信感があるから、私は結婚しない――そう決めた自分を認めること、愛してあげることが大事です。

さらにもう一歩踏み込んで言うと、自分で決めたその人生に、一抹の寂しさを感じても構わないのだと思います。寂しさに「とらわれる」ことで生活の喜びや仕事のやりがいまで失せるようなら問題ですが、ときどき寂しさを感じながら仕事をしたり、映画を見たり、友達と会ったり、食事を味わったりしているならば、ほかの人と同じように「病んでいない」人生を送れているのですから、まったく問題ありません。

そのような日々の感覚は、ほかの選択をした人も感じているものです。

結婚した人は結婚した人なりに、結婚してから離婚した人もその人なりに、結婚離婚を繰り返す人もその人なりに、ときどき「私、失敗したかもな」などとチラリと思いながら、毎日生きているものです。

逆に、「独身を選んで100%満足です」「結婚して何の不満もなく満足です」などと言うほうが不自然です。強がりにしか聞こえませんし、患者さんが、診察室でもしそんなことを言いだしたら、僕はきっと「まだ治療は途上だ」と考えるでしょう。

Chapter 4

子供を産まないという選択

子供を産まない、という選択にも同じことが言えます。これも、親子関係で傷ついた人がよくとる選択です。親子という関係性に希望を持てない、母親（父親）になる自分が想像できない、産んでも幸せにしてやれる気がしない、という理由からです。

この場合にしても、「その道を選んで大満足」と毎日思える人生にはまずならないだろうと思います。旧友たちが育児話に花を咲かせれば、疎外感も覚えるでしょう。近年はタブーとされている質問ですが、誰かに「子供産まないの？」と聞かれたりすれば、居心地の悪い思いもするでしょう。そして、産まない選択をせずにいられないような親子関係だったことに、一抹の苦さも覚えることでしょう。

しかし、その苦さに支配されてさえいなければ、問題はないのです。苦しくても、支配

されているわけではない、というのが重要です。

やがて50代も半ばを過ぎるころには、よその家でも子供が巣立ち、再びみんな同じ環境になります。子供がいるかいないかの違いなど、どうでもよくなります。

さらに年を取れば、夫婦のうちどちらかが先立ち、再び全員がシングルになります。

人生、どんな道をたどろうとも、最後は全員が同じところにたどり着きます。

そう考えれば、細かいことを気にすることはない——ときどき少し気にしつつも「まあ、仕方ない」と思って生きればいいのです。

この「まあ、仕方ない」は、実はどんな人もたどり着くものです。一つや二つではなく、何十、何百と妥協点を見つけて、着地します。

小学生のときに運動会でヒーローになれなかったとか、親友のほうが美人でモテたとか、成績が足りなくて第一志望の学校に行けなかったとか、そういう無数の「残念」を持ちながら、ふだんはそんなことに支配されず、生きています。

逆に、それでくよくよしている人を見ると違和感を覚えるはずです。仮に、仕事で成功している中年の人が「本当は、自分は東大に行きたかったんだ。東大に行けなかったことが今でも悔しい」などと言うのを聞いたら、「それ、もう、どうでもいいのでは？」と言いたくなるのではないでしょうか。

残念ではあるけれど、仕方がない。これは人間の生に必ずついて回るものです。「親」についてもこの感覚を持つことができたら、生きづらさや居心地の悪さは大幅に軽減するでしょう。あなたの人生ですから、いつまでも変わらない親と一生戦うのは時間の無駄（と言っては冷徹に聞こえるかもしれませんが）、残念だが仕方がない、と割り切ることができるなら、それでいいのです。

Chapter 4

引きこもりや暴力の連鎖を止めるには

ここまで紹介した選択はいずれも、「それでもいい」と言えるもの、問題のないものでした。しかしトラウマのせいで、自分が引きこもりがちになっていたり、子供に暴力をふるったりしているならば、対策を打たなくてはなりません。

引きこもりなら、「行動療法」が有効です。簡単に言うと、外に出てしまうということです。対話をしてあれこれ考えを巡らせるよりも、行動を変えてあげることのほうが、より近道になることもあります。

とはいえ、急激に変えることも難しいと思います。まずは、本人が不安を感じずに済む、ぎりぎりの場所からスタートする、といった難易度の低いところから始めることをお勧めします。

たとえば、福祉施設での作業（就労継続支援や社会的動物支援などに通う）、次は簡単なアルバイトから始めて、量や質を高めていく。それにも慣れたら就職を視野に入れる、というふうに進めていきます。

子供にどうしても暴力をふるってしまうという場合も、治療やカウンセリングで内省することだけでなく、行動や環境を変えるしくみをつくることが有効になります。

児童相談所に相談してみるとか、お金の不安であれば生活福祉課に相談するとか、そもそも育てにくい子供であるなら、児童精神科医に相談にのってもらうとか、さまざまな支

援を受けることが可能であり、それらをフルに活用すべきです。
福祉を導入した上で、自分のトラウマに向き合うことをお勧めします。

Chapter 4

恨みが残り続ける場合

親への恨みに支配され、あなたが人生の中で不適切な行動（合理的ではない行動）を繰り返しているなら、治療の対象になるかもしれません。

この場合、たとえば「反復強迫」の理解が有効となります。反復強迫とは、親とのこじれた関係を、ほかの人とも繰り返してしまうことです。

たとえば、父親が威嚇的な厳しい人物で、母親はそれに逆らえないけれど不満をためていて、夫婦仲が冷え切っているような家で育ったとします。そしてその家庭の中で子供は父親にはおびえを感じ、母親に対しては相談役になっていたとします。そうした、家族全体の構図を「家族原型」と呼びます（これは益田の造語であり、専門用語ではありません。

原体験としての家族が心のモデルとして残っている、というニュアンスですが、気にせず読み飛ばしてもらっても構いません。僕が呼びやすい言葉として使っているだけです）。

その家族原型を持つ子供が、後に築く人間関係でも、同じことを繰り返してしまうことがままあります。

結婚後に自分の夫や、義父に対してもおびえてしまうとしたら、反復強迫が起こっています。また、母親がいつも聞かせてくる父親の愚痴を従順に聞いていたように、義母に対してもやたらと従順だったり、あるいはいつも自分の娘のいいなりになってしまったりするのも反復強迫です。

反復強迫は、かつての自分の役回りを繰り返すとは限りません。

かつての母親の役になって、娘に延々と愚痴を聞かせているパターンもありますし、父親の役になって、娘をしょっちゅう叱りつけていることもあります。

これらの「今している行動」が、過去の自分や家族を理解する鍵になることがあります。もともとの家族原型の話をしてもピンとこない人が、「あなたは今、娘さんに対してお父さんと同じことをしていますね」と指摘、解釈することで、ハッと理解に至るのです。

「自分はこういう役回りをしていた」

「親はこんな気持ちで行動していたのだ」

という認識を経ることで、親に対する見方、感じ方が大きく変化していきます。

このようなダイナミクスは、体験したことがない人には怪しく聞こえそうですが、しかし、実際の臨床ではそのようなことが起こります。今の自分の行動と、過去の記憶がつながることで、一気に自己理解や他者理解が進み、これまでになく柔軟な考え方や行動が取れるようになります。

反復強迫の理解を通して進む「心の中の和解」は、親がすでに他界している人でも起こり得ます。親がもうこの世にいないのに恨みが消えず、いつも親のことを考えているなら、このアプローチはぜひ参考にしてほしいと思います。

このアプローチは大変特殊であり、ある意味、深層意識を利用するため、危険な行為でもあります。なので、実力のあるカウンセラーと一緒に、心を探究していくことをお勧めします。

Chapter 4

親がすでにこの世を去っていたら

一方、親はすでにこの世にいないが、親と和解できなかったことをなんとなく悔いている、というレベルならば、前述の「結婚しなかった」「子供を産まなかった」選択のときと同じように、後悔を持ちながらも続きの人生を送るのも、ほどよい生き方です。

後悔は、あってはならないものではありません。ほどほどの罪悪感を抱えながら生きていくということが、僕ら人間の普通の姿です。

他界した親について後悔しているときは、記憶のなかで理想化が起こっているかもしれません。「楽しいこともあったのに」「お父さんなりに愛してくれていたのに」と、いいところだけを抜き出している状態です。

しかし、もし今、その父親が本当は死んでいなくて、関係をやり直せるとしたらどうでしょう。あるいは時が戻って、再チャレンジできるとしたらどうでしょう。やはり、同じようなすれ違いやいさかいがおこるのではないでしょうか。ですからやはり、「残念だな、でも仕方ない」というのも、いい落としどころだと思います。

余談になりますが、この感覚を、仏教用語で「諦観」といいます。仏教などと言うと、何やら悟りの境地のようなものを連想するかもしれませんが、そのような気高いものではなく、俗っぽく言えば、「まあいいか」と思うような感覚です。諦観を得たときにカタルシスを感じたり、つきものが落ちたような幸福感を覚えたりするようなことも、特にありません。

あきらめがついたときには、そもそも何にこだわっていたかも忘れているはずです。昔欲しかったおもちゃのことを、今は覚えていないのと同じです。

そうして忘れていくことが、「問題ではなくなった」ということなのです。

人生は、前に進んでさえいれば、過去にとらわれている暇などないほど、次々に問題が起きます。仕事の締め切りに追われたり、子供の成績が振るわなかったり、気の揉めるあれこれに追われているときに、この世を去った親のことなど考えていられないはずです。

過去に傷を抱えている人でも、そんな人生を送っているのです。

終章

より深い学びのために

診察室で起こる治療のプロセス

Epilogue

精神疾患の診断をどうつけるか

終章では、精神科医が診療現場で行っていることと、患者さんにどのような変化が起こるかについて語ります。専門外の方、もしかするとこれからクリニックに通うか考えている方にも理解してイメージいただけるようにできる限りわかりやすく説明しますが、臨床を志す医学生の方々にも、参考になればと願っています。

まず、初診の方に対して、どう診断を付けるかについてお話しします。

診断には、医師が共通して使うガイドラインがあります。患者さんがどんなことに困っていて、いつから、どんな症状が出始めたか、これまでの経過はどうか、などを聞いていくと、それに当てはまる（もしくは近い）疾患名が見えてきます。

体の病院のように、採血やレントゲンのような検査をすることは、ほとんどありません。脳の異変によって起こるうつ病や統合失調症などについても、ＭＲＩを撮って病変を調べる、といったことはありません。

問診票を書いてもらって、対話を行いながら判断します。家族や第三者からの意見なども聞きながら、総合的にその人のことを把握するとより望ましいです。

検査がないのにわかるのはなぜかというと、精神医学の過去の歴史で積み重ねられてきたデータ（臨床的知見）があるからです。心の病にかかった患者さんたちの診療記録が積み重なり、そこから、同じ症状・同じ経過のものに、病名がつけられ（カテゴライズされ）、最終的には治療のガイドラインの元となっています。

精神科医は会話をしながら、その中のどれに当てはまるかを考えるわけですが、経験を重ねることで「これはうつの初期だ」「統合失調症だ」と、判断するスピードは速くなっていきます。

僕たちは象を見ると、すぐに象だとわかりますね。採血をしたり、遺伝子を調べたりはしないはずです。では、「カレーパン」ならどうでしょう。「日本人なら」わかるのではないでしょうか。日本全国、カレーパンと言えばこういうもの、という共通のイメージがあるからです。外国の方ならわからないかもしれませんが、日本人ならわかる。

「精神科医ならわかる」と言ったのも、それと似ています。

福祉サポート上必要となる手続き（傷病手当や障害者手帳の取得など）についても、疾患ごとにガイドラインがあります。薬物治療についても同様です。それに従いながら処方をし、患者個人ごとに少々アレンジも加えながら進めていくのが基本の流れです。

Epilogue

安全性と楽観性を確認する

並行してカウンセリングに入りますが、その前に、そもそもカウンセリングができる状態か否かを検討する段階があります。

そのポイントは、①安全性、②楽観性です。

安全性とは、最低限の衣食住の確保と心身の健康が維持できていて、話をできる状態にあるかどうか、ということです。うつ病による不眠や食欲不振によって体の健康が著しく損なわれているなら、話をするどころではありません。まずは体力の回復が最優先です。

あるいは、夫からDVを受けていていつ殺されるかわからないような状況なら、早急にシェルターなどに入って身の安全を確保しなくてはなりません。

お金の有無も重要な要素です。蓄えもなく仕事もできる状態でないという状況ならば、生活保護の申請などによって、暮らしのめどをつけなくてはなりません。

そうして安全性が確保されたら、次は楽観性です。

患者さんは誰もが悩みを抱えて精神科に来るわけですが、それでも「最低限の楽観性」はカウンセリングを始めるのに必要です。

「自分は生きている価値がない」と100%信じていたり、「私は絶対によくならない」と思い込んでいたり、「医師はみんな信用できない」と敵意に満ちていたりしたら、対話は進みません。ある種の「常識的な楽観性」がカウンセリング的治療を始めるには必要です。それがない状態でカウンセリングを始めても、筋が違った結論にしか到達できません。

そのようなときは、楽観性が確保できるまで「支持的傾聴」を行います。

相手の話を否定せずにじっくりと話を聞く、苦しさや孤独感に寄り添い、不安や恐怖を和らげるような声かけをする、といったことです。

時間がかかることもありますが、多くの患者さんは徐々に変化し、心を開いてくれます。また、衣食住が安定することで、楽観性が復活することもあります。

Epilogue

社会性と知的レベルを確認する

カウンセリングができるか否かには、もう二つポイントがあります。

一つは社会性です。社交的である必要はありませんが、あまりに粗暴であったりすると、こちらの安全性も脅かされます。他者への共感性が乏しく、社会的ルールや倫理に敬意を払わないような方も、やはり対話は難しいと考えます。

社会人として働けている人ならば、最低限の基準は満たしている可能性が高いです。働いていない方にしても、社会の、そして診療所のルール（時間通りに来る、終了時間になれば切り上げるなど）をきちんと守れる方ならば問題はありません。

二つ目は知的レベルです。カウンセリングでは言語的交流を通じて、複雑で具体的なも

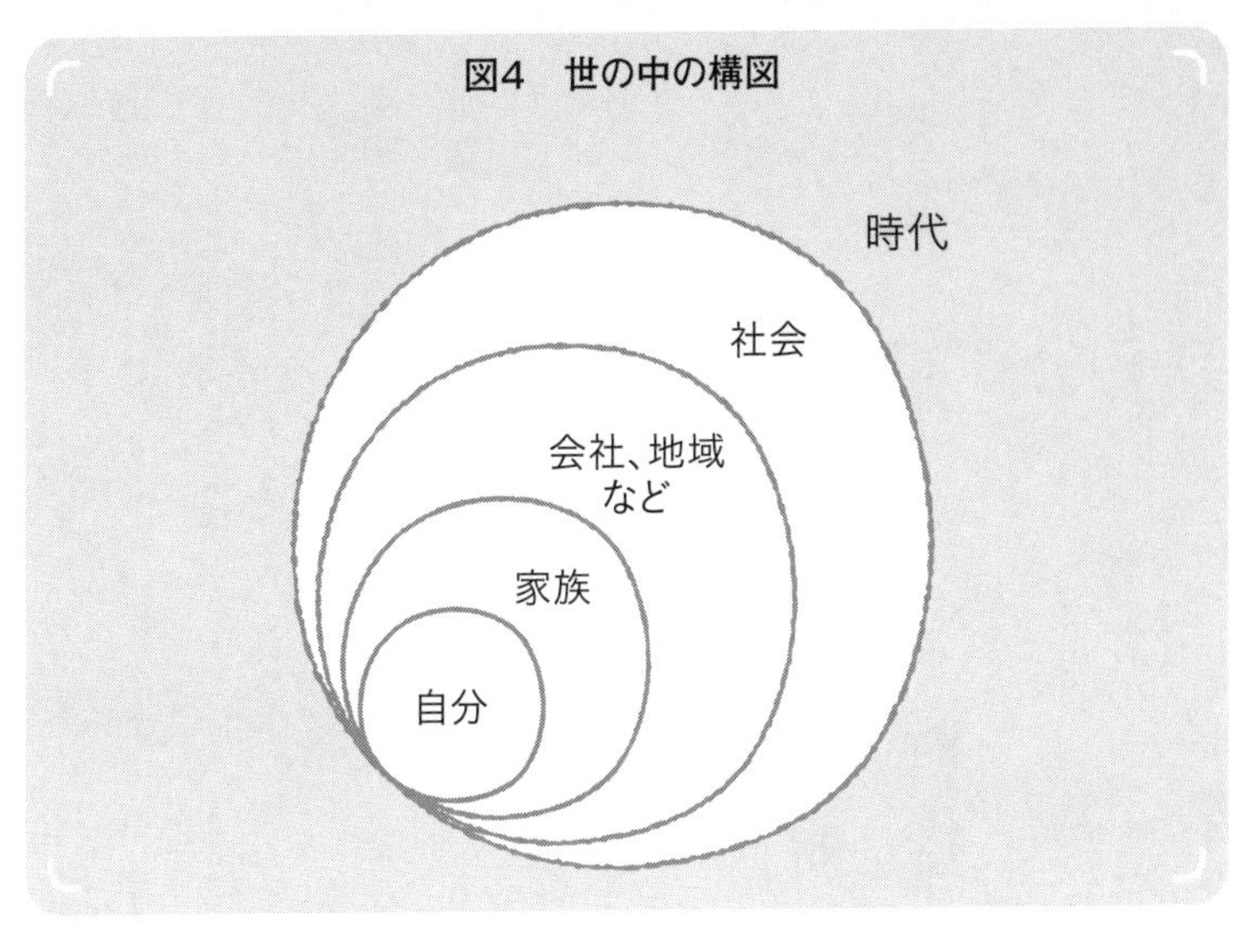

のから、抽象的で把握し難いものまで、さまざまなレベルの言語処理能力が求められます。ただひたすら自分のことだけを話していれば良いわけではなく、こちらからの説明を理解し、とりこみ、自分で応用していく力も求められるのです。

カウンセリングを行う際は、患者さんに、図4に示したような「世の中の構図」を知っていただく必要もあります。

自分がいて、家族がいて、会社や地域があって、社会がある。さらにその社会も、時代という枠組みの中にある。こうして最初に、自分の立ち位置を客観的に把握していくことが、カウンセリングのプロセスには欠かせません。

そうしたことの理解ができるだけの知性は、やはり必要となります。

もちろん、インテリジェンスあふれる人でなくてはダメ、などということはありません。たとえばこの本に書いてきたようなことを読み取り、自分の中でも思考を巡らせてみる、ということのできる方なら大丈夫でしょう。

精神発達遅滞の方、境界知能の方、発達障害の方などに対しては、通常のカウンセリングではなく、その人の言語能力に応じたアレンジを加えてあげる必要があります。

以上の条件がそろって、互いの信頼関係が確保できれば、そこでカウンセリングのスタートです。

Epilogue

客観的観察のための対話を行う

すでにご存じの通り、精神科の診療とは、患者さんの主観から、バイアスを取り除くプロセスとも言えます。これには、対話をすることが不可欠です。バイアスは、人と話すことで解除されやすくなるからです。

患者さんのプライベートの、「事実」の部分について、医師は尋ねていきます。それに返答していくことは、客観的な事実のとらえ直しにつながります。

家族の中で起こった出来事のとらえ直し、という過去にまつわることだけではなく、現在ある親子問題、たとえば「親と離れられない」「盲目的に服従している」という自分のことも客観的に見ていく姿勢が求められます。「こんなに母親の言いなりになっているのは、もしかするとおかしいのでは？」というふうに、価値観のゆがみにも気づいていく必要があります。

そうして、合理的な行動ができる状態に近づけていく、これが治療です。

受け身なものというよりも、主体的に関わっていく、自分から理解を進めていく態度が何より求められます。

こう聞くと、「意外に淡々としている」と感じる方も多いでしょう。カウンセリングというと、もっと癒やしや慰めのような、エモーショナルなものを想像されていた方もいるかもしれません。優しく、弱い気持ちを許してくれるもの、すっきりさせてもらえるものと思っている人もいるでしょう。

そういう側面がないわけではありません。**しかし実際は、むしろ「感情を取り除くこと」のほうが大切であり、それを知らないと面くらってしまう場面も多々あると思います。**

ことに親子関係については、寂しさや怒り、嫉妬や愛情への渇望といった、感情が生み出すバイアスが多くなるからです。

そもそも医学とは、感情という主観を取り除く、科学の営みです。精神医学は、人生の困りごとを科学的に考えてみよう、という目的でスタートした学問です。人が主観的に「感じている」情報を、客観的に「観察する」ことで、治療ができるのです。

治療の技法や方針として、「医師は患者さんとの対話の中で絶えず、「バランス調整」を行います。過度に悲観的なら、もう少しポジティブに。妙に楽観的で先行きを考えない行動に出そうになっていたら、もう少し冷静に。

頑張りすぎてもいけないし、すべて人任せでもいけない。

罪悪感に駆られすぎてもいけないし、被害者意識に凝り固まってもいけない。

このように、バランスを調整していきます。

当然ですが、一回でベストなバランスに収まることはありません。「考えすぎですから、少し肩の力を抜きましょう」などと言ってもすぐにできるはずはないですし、そもそも「どれくらい考えなければいいのか」が患者さんにはわかりません。

この「どれくらい？」は、皆さんもよく迷うところでしょう。

たとえば、「ときには自分をほめてあげましょう」といったフレーズがありますが、「ときには」の加減はどれくらいなのだろう、と思うと、これは難しいですね。

とはいえ大半の人は、自分で目盛りを見定めて、「適当に」こなしているわけです。

個人でやるにはどうしても限界があり、第三者視点を借りながら、バランスを整えていくのです。片目だと距離感がつかめず、両眼で物体をとらえることで距離感がつかみやすくなることにも似ています。

どこがベストバランスかは、患者さんによって違います。持っている症状やもともとの性格、社会背景によっても百人百様です。

なお、バランス調整が進んでいくと、自然に起こる現象があります。

単に真ん中におさまるのではなく、もう一つ上の水準で、ものを考えられるようになるのです。これを「アウフヘーベン（止揚）」といいます。

葛藤に駆られている間は見えなかったことが見える、一段高いところに立って俯瞰できるようになる。こうして視野が広がって、不安も少しずつ感じなくなっていきます。

このステップを少しずつ昇っていくことが、「治る」プロセスとも言えるでしょう。

Epilogue

「抵抗」の所在をつきとめる

「少しずつ」昇ると言いましたが、本当に少しずつですし、困難なくスムーズに進むこともまずありません。序章で、患者さんは「執拗なまでに変わろうとしない」とお話ししたのを覚えているでしょうか。

こうしましょう、と言っても聞かない。無視する。口では「はい」と言いつつやはり行動に移さない。こういうことは必ず起こります。これを「抵抗」と言います。

治りたいはずなのになぜ抵抗するのか。そのポイントを、患者さんと治療者は見極めていかなくてはいけません。

たとえば、本人に内省する力が十分に備わっているか。自分自身や自分の家族のことであっても、第三者的に外側から把握できる「メタ認知」能力があるか。

もしもないとしたら、それは知能の問題、たとえば境界知能や発達障害の影響があるのかもしれません。あるいは若すぎて、人生経験が足りないのかもしれません。

もし、そこが原因だと見定めた場合は、教育的なフォローをする必要があります。

それでも抵抗が起こる場合は、より本格的に、変化を拒む理由を追究していくことになります。親子問題における「変化」とは、自分と親、それぞれについて新しい理解をし、受容することです。自己理解で言うと、「あのとき私は、確かに傷ついていた」。そして「こういう理由で傷ついたのだ」と客観的に判断するといったことです。

「確かにあのとき、私は○○できる能力がなかった」「私は劣っていた」という、シビアな現実を受け止めなければならないこともあります。「悩んでいるだけで10年も無駄にしてしまった」などの、苦い認識もあるでしょう。しかし、このような「知る痛み」を受け入れていく作業も、治療に必要なプロセスです。

親理解はもうおわかりですね。「あのとき、親はこういう状況にいた」「（たとえ許せるものではなくとも）こういう事情があったのだ」といった認識です。

そうした変化を拒む場合、それはなぜか、どうすれば変化を受け入れられるか。

ここからはさらに患者さんの内面に踏み込み、変化を起こす働きかけをしていきます。

Epilogue

変化を促す①
状況を整理する「明確化」

医師は、患者さんの中にある「抵抗」の正体を解釈し、それを指摘して認識させせなくてはいけません。そして、これにも段階があります。抵抗がどれくらい根深いかによって、三種類のアプローチで、同時並行的に働きかけていきます。

一つ目のアプローチは「明確化」です。

患者さんが自分でうまく認識できていない部分を取り出して、わかりやすく整理するという働きかけです。たとえると、宝くじの当選率を数字で教えてあげるようなものです。なんとなく当たりそうな気がするから毎回宝くじを買う、と言う人に、「そんなの、まず当たらないよ」と言っても、ピンときてはもらえないでしょう。しかし「全国でだいたい○○人が買って、当選者は全部で○○人、とすると当たる確率はこれくらいしかないよ」と言えば、「そうか、無駄遣いしてるね」とわかってもらえる。そんなイメージです。日々の生活では雰囲気で判断しがちで、きちんと数字を書き出して考えることは案外少ないものです。

時間の使い方などでも使える方法です。「あれも、これもやりたいのに全然できていない」と言う人には、「あれをやるのに何分」「これをするには何分」と所要時間を整理して明確化すると、「24時間で足りるわけがないですね」とわかってもらえます。

つまり、話を整理しつつ、客観的な事実を補足して、物事や悩みごとの構造を可視化していく作業を明確化と言います。

これらは意識していること、認知している事柄を整理していくのであり、無意識の領域までは立ち入りません。あくまで客観的な事実のみで、整理していく作業です。一見、分かっていることでも、可視化してみるだけで随分認識は変わると思います。

この要領で、親子関係についても気づきを促すことができます。

父親についてずっと悩み続けて何も手につかない、と言う人に、そこまで時間をかける価値のある悩みなのか、ということを指摘する場合。

「あなたはお父さんに嫌われていたと言って気にしているけれど、むしろほかの家族はお父さんを嫌っていますよね？」

「お母さんはお父さんと、表面上で付き合っているだけですね」

「そもそもお父さんの年齢からして、あと10年もせず亡くなる可能性が高いですね」

「それに比べたら、あなたの息子さんの問題はどうですか？　こちらのほうが優先順位が高いのでは？」

といったことを指摘していきます。

ここでは相関図などを書いて、全体の構図を可視化する工夫もします。僕の場合、診療中にホワイトボードなども使う、といった視覚にも訴える工夫をしています。たいていの人は、自分の個人的な状況を書き出したりはしないものです。書き出して可視化すると、状況の客観視に役立ちます。

比較的浅めの抵抗の場合は、これで「そうか、自分はこだわりすぎていた」と気づくようになります。

Epilogue

変化を促す②

無意識を指摘する「直面化」

明確化は、「自分でも、少し考えたらわかる」レベルのことを指摘するアプローチです。

このような、考えない間は気づかない領域を「前意識」といいます。そして、それよりも深いレベルで抵抗が起こっていることもあります。それが「無意識」です。

無意識は言葉の通り、自分では意識できません。

人が無意識にしてしまうことは、そうする理由を「知りたくない」「見たくない」こと、と言えます。だからこそ、無意識の領域に追いやるのです。

知りたくないこととは、言われて嫌なことでもあります。

ごく軽いレベルで一例を挙げましょう。

A「写真を撮るとき、毎回顔に手を添えるよね？」

B「なんかクセで手が動いちゃうの」

A「顔を小さく見せたいの？　もしかして、自分は顔が大きいと思ってる？」

——こう言われたBさんがどれくらい不愉快か、想像に難くないでしょう。

医師は無意識を指摘することによって、患者さんにそういう思いをさせなくてはいけません。これを「直面化」と言います。**この「直面化」が、二つ目のアプローチです。**

医師から患者さんへの例で言うと、「あなたは気がついていないかもしれないけれど、お姉さんに対して嫉妬心がありますね」「お母さんを悪く言うのは、お姉さんのほうが愛されていた、と思って悔しいからではないですか？」といったことです。

ときには、「あなたは気づいていないかもしれないけれど、発達障害の特性がありますね」とか、「実は差別意識がありますね」といった指摘をすることもあります。

患者さんは当然、例外なく、強く抵抗します。「そんなことありません」と否定したり、「なんてひどいことを言うのか」と怒りだすこともあるでしょう。

しかしここを乗りこえて、患者さんが無意識下の自分を認めることができれば、大きな前進です。治療が途切れないために、そこまでに怒りや不安に耐えうるだけの信頼関係を作っておくことも重要です。

Epilogue

変化を促す③ 医師との関係で起こる「転移」

明確化や、無意識の指摘（直面化）を行ってもなお、抵抗が取れないときもあります。このときは、さらに心を揺さぶる働きかけが必要かもしれません。

治療は「感情によるバイアスを取るプロセス」だと話しましたが、ただ理解するだけでは頭に入ってこないこともあります。もっとも深層レベルで凝り固まっている抵抗に対しては、ロジックでわかってもらうのではなく、より強いインパクトが必要なのかもしれません。

感情が激しく揺れるような、脳に「ガツン」と来るような――冷徹に聞こえるかもしれませんが、自我が壊れるような体験によってしか、取り除くことができないのかもしれません。

その体験が、**三つ目のアプローチの「転移」の指摘**です。

転移とは、記憶に残ったイメージを、無意識にほかの人物に重ねることです。厳しい父親に育てられた人が、大人になっても年長の男性を警戒してしまうなら、その人に対して転移を起こしている、ということです。年長の男性を通じて、記憶の中の父親にアクセスしてしまっている状態であり、無意識下で現実と記憶が奇妙に混ざり合っている状態なのです。

精神科の患者さんは、治療のどこかの段階で、医師に対しても何らかの転移を起こします。ものすごく嫌いになったり、逆に、理想化したり、恋愛感情を抱いたりします。日常の人間関係に医師も加わり、患者さんにとっては赤の他人ではいられなくなるのです。

医師はそこに巻き込まれずに、転移が起こっていることを指摘して、さらに、どうしてそうなったのかを患者さん自身とともに考えます。

つまり、転移はここまで行ってきた明確化や直面化のような、患者さんが語る話を素材にしたやりとりではなく、患者さんと「医師自身」の関係について話し合う、激しいやり取りです。治療のクライマックス、と言ってもいいかもしれません。
たとえば、僕に対して怒り狂っている患者さんがいるとします。

医師「どうして、そんなに怒っているんですか？」
患者「先生が意地悪だからです！」
医師「意地悪も何も、医師ってこんなものですよ」
患者「そんなはずありません、お医者さんは助けてくれるものでしょう？」
医師「医者にだって、できないこともありますよ」
患者「……」
医師「僕ごときに、そんなに助けてほしいと思うのはなんで？」
患者「えっ？」
医師「神様でも何でもない、医師免許を持っているだけのただのおじさんが、そこまで理想的に、あなたを救えるって思うなんて、変でしょう？」
患者「……」
医師「そんなの人知を超えてます。もしかしたら、転移が起こっているんじゃないでしょうか。あなたは、自分の親がしてくれるはずだったこと、つまりあなたを助けてくれるはずだがそうではなかったことを、僕に求めているのではないでしょうか」

といったやりとりを行います。

患者さんは絶句しますが、落ち着くと納得することも多くあります。文章で読むと奇妙ですが、まさしくドラマのように絶句する体験です。突然、恋人から別れを告げられる、親しい人が亡くなったと知らせを受ける、そのようなインパクトをもたらす体験です。

納得するまでの時間は、比較的短い人もいれば、その診療からずいぶん時間があいたあとに「先生の言う通りだったかもしれません」となることもあります。

さらに転移は、指摘しただけでは終わりません。「どんな役割を医師に負わせているのか」「なぜそうしたのか」を探り出さなくてはなりません。そのやりとりは、深く個人の過去に入り込むため、さらに緊張に満ちたものになります。

Epilogue

転移の理由に気づいたときの激しい動揺

医師に恋愛感情を寄せる「恋愛転移」というものもしばしばあります。

その場合も、相手の感情に巻き込まれないように細心の注意を払いながら、なぜそうなったかをひもといていきます。

「なぜ、僕のことをそんなに好きなんですか？」

と尋ねると、患者さんによって、さまざまな答えが出てきます。

「親身に話を聞いてくれて嬉しいから」

「好きになるのは本能だから仕方ありません」

などです。

ではそのような思いを起こさせる、源にあるものは何か、が問題になってきます。

ここからは、患者さんにとって、とてもきつい場面になります。

「そう感じるのは、あなたがこれまで人生で優しくされたことがなかったからかもしれません」

「あなたは本能に支配されやすい人、ということの現れかもしれません」

「感情に支配されやすい、弱さの現れかもしれません」

といったことを、僕は話します。好意を持っている相手に指摘され、ひどく傷つくかもしれません。だから、信頼関係が必要なのです。

さらに残酷な事実に直面しないといけない例もあります。たとえば父親がよその女性と不倫をし、家を出て行ってしまったことがトラウマになっている患者が、医師に恋愛転移を起こしたとします。

医師「僕を好きになってどうするんですか？　僕には家庭もあるし、子供もいますよ」

患者「ご家庭を壊そうなんて、まったく思いません。私が好きでいるだけだから、別にいいでしょう」

医師「それで納得できるのですか」
患者「好きになってはいけない人を好きになったんだから、仕方ないです」
医師「では、あなたはどうして『好きになってはいけない人』を好きになったのでしょう」
患者「……」
医師「あなたのお父さんも、そうでしたね」

患者が医師に抱いた感情は、彼女の父親がよその女性に抱いた感情と同じである、と医師は指摘したわけです。間違った人を好きになる、社会のルールに反した感情を抱く、それと同じことを、あなたは自分に対してしています、という、残酷きわまりない宣告です。

これに直面したとき、患者さんには激しい動揺、ときに絶叫してしまうレベルの動揺が起こります。

もっとも、ここまで激しい転移解釈は、そうそうあるものではありません。互いに話を整理し、理解を進め、準備をし、さらに深い関係にならなければ、大きなインパクトは生まれません。それでも、治療の過程では医師と患者との関係性が強まれば、必ず大なり小なり、転移は起こります。

患者は、医師との間に良い関係ができてきた、こんなに心を開いて話せる人ができて嬉しい（もしくは憎い）……と思った矢先に、「そもそも赤の他人である医師に、どうして（親に向けるような）そこまでの感情を抱いているの？」と、冷静で残酷な解釈をされ、つらい思いをします。

しかしそれでも医師は、転移が起こるくらいの近しい関係を、患者さんとの間につくらなくてはなりません。そのうえで、「患者さんに治ってほしい」という真摯な気持ちで、勇気をもって臨まなくてはいけません。

もちろん、知的な能力も不可欠です。さらにタイミングや言い方を少しでも間違えれば逆効果となり、患者さんの症状をますます悪化させることにもなりえます。

結局、患者さんには、「赤の他人も優しい」という他者理解が欠けていることが多いのです。親に対して不信感がある人は、その延長で社会に対しても不信感があり、とても近い距離にいる人間しか信用できないのです。

恋愛関係からもわかるように、近すぎる距離は必ず摩擦を生みます。そして、傷つき体験からますます他者を信じられなくなるのです。

大事なことは、ほどほどの距離を保つことであり、その距離にいる他者と信頼し合えることなのです。そのことを医師や治療者との関係から、失敗や成功を体験しつつ、学んでもらうことが必要です。

Epilogue

知らず知らず演じさせられる「逆転移」もある

転移は診察室の中に限らず、一般社会でもよく起こっています。

会社の同僚や学校のクラスメイトに対し、「なぜか、この人にはいつも、やたらとイライラさせられる」と感じることはないでしょうか。そのイライラを抑えられず、ついきつく当たってしまって、「自分は、こんな性格ではないはずなのに」「自分にこんなに嫌な一面があったなんて」と、落ち込んだりしたことはないでしょうか。

この場合、相手の転移に巻き込まれている可能性があります。

前章で、家族原型をほかの場所でも繰り返してしまう「反復強迫」の話をしました。「あなたをイライラさせる人」はもしかすると、怒りっぽいお父さんあるいはお母さんのもとで、おびえて育った人かもしれません。そして大人になってからも、おびえた子供の役割を、職場でも友人関係でも繰り返しているのかもしれません。

その人は怒りっぽい親の役割を、相手（この場合はあなた）に押し付けています。つまり、転移をしていることになります。

そして特筆すべきは、その転移を受けた側（この場合はあなた）が、知らぬ間にその親のような気持ちにさせられてしまうことです。これを「逆転移」といいます。

訳もわからず特定の相手に腹が立つ、イライラする、怒りたくなる。それは、無意識のうちに、役（この場合は相手の親役）を演じさせられているのです。

よって、「こんな一面があるなんて、自分は実は嫌な奴だったのだ」などと、不用意に落ち込む必要はありません。原因のわからないイライラも、「逆転移かもしれない」と知っているだけで、自分を抑制する力が働きやすくなります。

余談ですが、発達障害の人は逆転移を感じにくい傾向があります。なぜなら、共感力が低いからです。たとえば、みんなが欲しいと思うものは自分も欲しくなる心理を「同化」というのですが、発達障害を持っている人は、同化しづらく、そこに染まりません。「行列ができるお店」にはたいていの人が興味をそそられますし、「今年の流行色」と言われたら、本来好きな色でなくとも「一着くらいは持っておこうか」という気になる人は多いものです。ところが発達障害があると、まったくそれらに引っ張られません。

周囲に合わせられないことで、苦労の多くなる人生ではありますが、相手に引っ張られて逆転移にさらされずに済む点は、長所と言えるかもしれません。

しかも、ややこしいことに治療者側からの転移の問題もあります。**僕ら治療者が過去の問題を清算していなければ、倫理的な問題を解決していなければ、お金や名誉などに過度に惑わされることから抜け出せていなければ、転移は起こってしまうでしょう。**

治療者側からの問題にもかかわらず、逆転移だと相手の責任にするのは大間違いです。

しかし、患者側によって引き起こされた逆転移と治療者自身の問題から生まれた転移をどう見極めるのか？　これは非常に難しいです。なので、同じ治療者仲間から、忖度なく意見してもらう必要があります。

なので、益田が変な行動をとっていたら、皆さんもすぐ指摘してください。僕はすぐに天狗になってしまう性格なので……。

Epilogue

医師は患者さんのあちこちにある「詰まり」を取る

以上、診察室で行われている治療の流れについて話してきました。

なお、診断からカウンセリング開始までの流れは共通ですが、「明確化」「無意識の直面化」「転移解釈」は、それぞれ一度きりではありません。抵抗のあるポイントは、いくつもあり、診察のたびに、一緒に悩んだり、考えていきます。

いわば、あちこちにある「詰まり」を取るようなものです。

医師は患者さんを俯瞰的に見て、優先度の高い詰まりに焦点を当て、ガイドしたり、相手の流れに身を委ねたり、臨床現場ではいろいろと考えていきます。

基本的には、一か所の詰まりがとれたら次はこちらへ、というふうに移っていきます。その瞬間に、複数の詰まりが影響し合って複雑な抵抗をつくりだしていることもあるので、その場合は同時並行で解決を図る必要も出てきます。

同時に問題を解きつつ、とはいえ頭は一個しかないので、やはりそのときの、その瞬間に一番トピックだと思われることに向き合っていく、その繰り返しです。

集中力も根気も必要であり、非常に消耗する仕事ではありますが、一つ詰まりが取れるごとに患者さんが治癒に近づいていく過程は、やはりやりがいがあります。

やや専門的な話で、これだけの紙幅での説明では理解しにくい部分もあったかもしれませんが、医師になりたいと考える方はもちろん、自分自身の力で「変わりたい」と思う方も、このプロセスを参考にしていただきたいと思います。

そして、「親」という大きなテーマに取り組み、これまでとは違う自分自身へと、歩みを進めていただければと思います。

Epilogue

人間の尊厳とは何か

親を正しく理解し、自分の認知が修正され、現実を曇りなく理解できたとき、あなたはさらに絶望的な気持ちを味わうかもしれません。

怒りや悲しみに酔うことも許されず、治療さえすれば幸福になれるという未知への過度な期待も失い、なんだかすごく心細い気持ちを味わっているかもしれません。

他人にはない苦しみが自分の人生にだけ起きていることを、僕らは受け入れられるのでしょうか？

17世紀の思想家パスカルは人間を考える葦だといい、とても無力な存在が絶望に打ち負かされながらも真摯に生きるさまに、人間の尊厳があると言いました。

僕も日々の臨床の中で、ひどい不幸の中にあっても真摯に生きている患者さんと対面しています。

精神の病は決して楽ではありません。脳の中で、苦しいと感じる部分が直接刺激されている状態であり、まさに苦しみそのものです。がんの治療よりもつらかった、とおっしゃる患者さんもいました。それほどまで苦しい病なのでしょう。

社会背景も決して、恵まれているわけではありません。貧困の問題、周囲からの援助の有無の問題、本人の能力の問題、さまざまな点で他の人より劣勢なことが多いです。

そんな状況を他人から理解されることは稀です。

多くの大衆は、自らの身に起きないと理解できません。差別や偏見も多いですが、そもそも精神医学の話はあらゆる点で難しすぎるのかもしれません。常識を疑う柔軟さが求められるし、そもそも知らなければならない知識の量も多く、そこに食らいつく忍耐力がある人も珍しいでしょう。貧困や戦争の問題と違い、精神の問題の場合、自分たちが生活の中ですぐ対処できることがある点も、良心の呵責に耐えられず、できれば目を背けたくなるのかもしれません。

僕らすべての人間はいつか死にます。無宗教であれば、死後には永遠の無が待つと考えると思います。その点においてはすべての人が平等です。善行をしたから報われる、つらい体験をしたから報われる、そんなこともありません。

物質的な満足度よりも、心の探究を続けているほうが幸福を感じやすい、みたいなことも特にありません。そのような報告もないわけではありませんが、多くの患者さんにとっては、心の探究はせざるを得ないからするものであり、満足のためにするものではないでしょう。

だからこそ、そこに人間の尊厳があるのだと僕は思います。

優れているから尊厳があるわけでも、人の役に立っているから尊厳があるわけでもなく、この場を生きていることに僕らの尊厳があるのだと思います。

人間の尊厳について、普段は耳にしないと思います。テレビやメディア、SNSやコマーシャルな世界では、あまり語られないテーマです。

でも、良い機会なので考えてもらえたらと思います。

苦しみの中、怒りや悲しみに酔うことに疑問を持ち、この本を読んで学ぼうとするあなたの姿に、僕は人間の尊厳を見出します。僕も負けないように、学び、生きていきたいと思います。

おわりに

親子問題は、患者さんたちの中で繰り返し出てくる物語です。これまでYouTube上に投稿してきた1000本以上の動画の中で、親子を取り上げたものもたくさんありますが、しかし、なかなか本質的なことは話せずにいました。

結局のところ、親子というのは個別性の高いものであり、それは動画にしたとて陳腐なものでしかなく、診察室の中で転移を用いることでしか、理解されていかないものだからです。

それでも親子問題について一度まとまった形で語りたい、できれば発達障害の問題も合わせて語ってみたい、という思いはかねてからありました。

そうして生まれた本書が、少しでもあなたの役に立てたならいいなと思います。

今はまだ消化中で「それを知って何になる」と思っているとしても、「嫌な親のことを思い出して嫌な気持ちになった」と感じていたとしても、ここまで通読してくださった方にインプットされた知識は、きっとこの後少しずつ、あなたの変化の助けになると信じています。

皆さんに知っていただきたい、精神医学上の知識はほかにもたくさんあります。

この本はいわば、「入り口」です。さまざまな疾患や、治療の実際について書きましたが、「これはうちの親に当てはまるかも」「私もまだ、気づいていないことがあるかも」と思った方ほど、さらに深く知りたくなったのではないかと思います。

ぜひ、さらに詳しく知識を得てください。さらに詳しい本を読むのもいいですし、僕のＹｏｕＴｕｂｅも少しはお役に立てると思います（毎日更新しています）。

知識は、選択の助けになり、健やかに生きる助けとなります。過去の人たちが何を考え、どういうものを残してくれたのか？　それらを考えると、ほっこりした気持ちになれませんか？

自分が家族の、社会の、この時代の中で、どのような場所にいて、他者——とりわけ家族や親と、どう関わりあっていくかを知る手立てとなります。

ただし、それは「迷わなくなる」ということではありません。親子関係のみならず、人生の選択には、絶対の正解などないからです。よい選択、正解と言える選択をするのは、とても難しいことなのです。絶対に流行るレストランが存在しないように、確実にヒットする音楽や映画がないように、一つひとつの選択や決断の末に、まあまあの正解があるだけです。僕らの日常も、靴1足買うにしても「失敗した……」ということはありますね。人生の選択も、成功と失敗の繰り返しです。

色々考えたり迷ったりしながら一歩一歩進み、その結果を受け止めていけると良いのだろうと僕は思っています。

決して素敵なことばかりではない人生、決して完璧ではない自分を、皆さんが安らかな心で受容する、もっと軽く言えば「ま、仕方ないか」と自然に受け止められる、そんな日が来ることを心から願っています。

編集協力　林加愛
ブックデザイン　荒井雅美（トモエキコウ）
ＤＴＰ／作図　エヴリ・シンク
校正　あかえんぴつ

益田裕介（ますだ・ゆうすけ）
早稲田メンタルクリニック院長。精神保健指定医、精神科専門医・指導医。
防衛医大卒。防衛医大病院、自衛隊中央病院、自衛隊仙台病院（復職センター兼務）、埼玉県立精神神経医療センター、薫風会山田病院などを経て、早稲田メンタルクリニックを開業。精神科診療についてわかりやすく解説するYouTubeチャンネル「精神科医がこころの病気を解説するCh」運営、登録者数は本書刊行時点で35万人を超える。著書に『精神科医の本音』（SB新書）、『精神科医がやっている聞き方・話し方』（フォレスト出版）がある。

精神科医が教える　親を憎むのをやめる方法

2023年2月2日　初版発行
2024年1月10日　再版発行

著者／益田 裕介

発行者／山下 直久

発行／株式会社KADOKAWA
〒102-8177　東京都千代田区富士見2-13-3
電話　0570-002-301(ナビダイヤル)

印刷所／TOPPAN株式会社

●お問い合わせ
https://www.kadokawa.co.jp/（「お問い合わせ」へお進みください）
※内容によっては、お答えできない場合があります。
※サポートは日本国内のみとさせていただきます。
※Japanese text only

定価はカバーに表示してあります。

ISBN 978-4-04-606128-7　C0030